Libër gatimi Burrito

100 receta për mëngjes, drekë dhe darkë.

Emiljan Gjini

Materiali i autorit ©2024

Të gjitha të drejtat e rezervuara

Asnjë pjesë e këtij libri nuk mund të përdoret ose transmetohet në çfarëdo forme apo mjeti pa pëlqimin e duhur me shkrim të botuesit dhe pronarit të së drejtës së autorit, përveç citimeve të shkurtra të përdorura në një përmbledhje. Ky libër nuk duhet të konsiderohet si zëvendësim i këshillave mjekësore, ligjore ose të tjera profesionale.

HYRJE..8
MËNGJESI BURRITO..................................9
1. Burritos e mëngjesit të pjekur........................10
2. Mëngjesi Burrito..12
3. Burrito me vezë..14
4. Kajun Mëngjesi Burritos................................16
5. Frigorifer Mëngjesi Burritos..........................18
6. Burrito për mëngjes në çdo kohë...................20
7. Burritos për mëngjes të padëshiruar..............22
8. Burrito për mëngjes texmex...........................24
LASAT BURRITO.....................................26
9. Tas Burrito Burger Veggie..............................27
10. Tasat me burrito me pulë..............................29
11. Burrito-Bowl-In-A-Jar..................................32
12. Mango dhe fasule për mëngjes Burrito Bowl........34
13. Fasule të zeza dhe kupa Chorizo...................36
14. Kupa Burrito me oriz lulelakër.....................39
BURRITO SHPEL....................................42
15. Burritos me djathë dhie pule........................43
16. Burrito me oriz pule.....................................45
17. Burrito kineze..47
18. Burrito me pulë dhe ananas..........................49
19. Tigan Burrito pule..51
20. Burrito me rosë..54

21. Burrito me gjeldeti të bluar...................................57
BEAN BURRITO..59
22. Mini burrito perimesh...60
23. Burrito me fasule dhe tvp...................................63
24. Tavë burrito me fasule......................................66
25. Burrito me fasule me salsa meksikane................68
26. Burrito me fasule të zeza dhe papaja..................70
27. Rancheros Burritos...73
28. Cilantro burrito..76
29. Burrito mesdhetare...79
30. Burrito me fasule të zeza në mikrovalë...............81
31. Burritos me fasule të zeza dhe misër..................84
32. Fasule e kuqe Burritos......................................86
33. Kafshon Burrito...88
34. Burritos spanjolle...90
35. Burritos me patate dhe vezë të ëmbël.................93
36. Burrito me fasule dhe misër...............................97
37. Burrito me fasule fiesta...................................100
38. Burrito të nxehta phyllo..................................102
39. Burrito meksikane të çuditshme......................105
40. Tavë burrito matzo...107
41. Burritos me kërpudha të egra..........................109
BURRITO MISH DHE DERRI...............................112
42. Burrito me tenxhere..113
43. Burritos me viç dhe djathë..............................115
44. Burritos me mish viçi dhe portokalli................117

45. Burritos e lakrës...119
46. Burrito me biftek krahu me avokado....................122
47. Burrito jeshile chili me mish viçi të grirë...............125
48. Burrito të tymosura me gjoks të gjelbër kilit........128
49. Kampi Burritos...130
50. Burrito e klubit..132
51. Burrito të pjekura në furrë me mish derri të grirë
.... 134
52. Burrito me erëza..137
53. Burrito tajlandeze me mish derri.........................139
FRUTA BURRITO..141
54. Burritos me mollë me salcë gjalpë mushti............142
55. Burrito me banane o..145
56. Mëngjesi me fruta Burrito....................................147
PESHK BURRITO..149
57. Burrito mustak i pjekur në skarë.........................150
58. Burritos e peshkut krokantë Tilapia....................152
CHIMICHANGAS..155
59. Chimichangas viçi..156
60. Fryer me ajër Chimichangas pule........................158
61. Chimichangas pule të pjekur...............................160
62. chimichangas gjeldeti..163
63. Chimichangas derri...165
64. Kimichangas i ëmbël hominy me pure frutash.....167
MBUSHJE BURRITO..170
65. Chilorio (mbushje me burrito me mish derri)......171

66. Mbushje taco ose burrito..................174
67. Mbushje burrito me pulë dhe fasule............176
68. Mbushje burrito me kërpudha..................179
69. Mbushje taco, tostado dhe burrito.............181
BURRITOS VEGANË.....................................183
70. Burrito me kajsi..............................184
71. Burrito me fasule.............................186
72. Burrito me banane............................188
73. Burrito me fasule dhe oriz...................190
74. Fasule & burrito tvp.........................192
75. Burrito me qershi............................194
76. Burrito me gjalpë............................196
77. cilantro......................................198
78. Burrito me misër dhe oriz....................200
79. Burrito me fasule fiesta.....................202
80. Burrito në ngrirje...........................204
81. Burrito kopshtesh............................206
82. Burrito meksikane Jiffy......................208
83. Tavë burrito matzo...........................210
84. Burrito me fasule me mikrovalë...............212
85. Burrito me perime në mikrovalë...............214
86. Burto me perime të përziera..................216
87. Burritos me fasule të zezë Mojo..............218
88. Mbushje burrito me kërpudha..................220
89. Neato burrito................................222
90. Burrito me perime pepita.....................224

91. burritos Seitan..226
92. Burrito me patate të ëmbël................................228
93. Mbushje Burrito...230
94. Burritos me kërpudha të egra............................232
95. Burritos vegjetariane grande.............................234
96. Fasule e zezë Burrito..236
97. Tofu burrito...239
98. Banditos burrito me perime krokante..................242
99. Burrito me sallatë perimesh..............................244
100. Burritos djegëse pikante (vegjetariane)..............246
PËRFUNDIM..249

HYRJE

Nëse jeni adhurues i burritos, atëherë Libër gatimi Burritoështë shtesa perfekte për koleksionin tuaj të recetave. Ky libër gatimi përmban 100 receta të shijshme burrito për mëngjes, drekë dhe darkë, duke filluar nga shijet klasike meksikane deri tek kthesat krijuese dhe novatore.

Nga burritot e mëngjesit të mbushura me vezë, djathë dhe chorizo tek burritot pikante me karkaleca dhe avokado për drekë, dhe burritos me mish viçi dhe fasule për darkë, ky libër gatimi ka një recetë për çdo dëshirë. Çdo recetë shoqërohet me një fotografi me ngjyra të plota dhe përfshin këshilla se si të bëni burriton perfekt çdo herë.

Përveç recetave, ky libër gatimi ofron informacion se si të bëni tortilla, salsa dhe mbushje të tjera të bëra vetë për të personalizuar burriton tuaj sipas dëshirës tuaj. Pavarësisht nëse e preferoni burriton tuaj pikant, të ëmbël ose të mbushur me perime, The Ultimate Cookbook Burrito ju ka mbuluar.!

MËNGJESI BURRITO

1. Burritos e mëngjesit të pjekur

Bën: 6-8 racione

PËRBËRËSIT:
- 12 vezë
- ¾ filxhan salsa të trashë
- 10 tortilla me miell mesatar
- 4 ons mund të djegës jeshil të copëtuar
- 1 filxhan djathë çedër i grirë

UDHËZIME:
a) Ngroheni furrën në 350 gradë.
b) Në një tigan, përzieni vezët dhe salsën derisa të forcohen, por jo të thahen. Ngrohni tortillat në mikrovalë derisa të zbuten. Në mes të secilës tortilla vendosni një lugë me përzierje vezësh të fërguara.
c) Rrotulloni tortilla dhe vendoseni në një tepsi të lyer me yndyrë 9x13 inç.
d) Spërkateni me djegës të gjelbër dhe djathë.
e) Mbulojeni dhe piqni 15 minuta.

2. Mëngjesi Burrito

Bën: 2 racione

- **PËRBËRËSIT:** 1/4 filxhani kërpudha
- 1/4 filxhan kungull i njomë
- 1/3 filxhan domate
- 1 thelpi hudhër
- 2 vezë
- pak piper i kuq
- pluhur djegës dash
- 2 lugë gjelle salsa
- predha tortilla me karbohidrate të ulëta
- Përzierje djathi meksikan

a) Pritini imët hudhrat dhe prisni domatet, kungull i njomë dhe kërpudhat. Hidheni përzierjen në vezë dhe shtoni piper dhe pluhur djegës.
b) I trazojmë derisa të përzihen. Shtoni përzierjen në tigan dhe përzieni derisa të bëhet.
c) Vendosni një pjesë në një guaskë tortilla me pak karbohidrate, spërkateni me djathë dhe salsa.

3. Burrito me vezë

Bën: 1 porcion

PËRBËRËSIT:
- Tortilla me miell
- 2 vezë
- ¼ lugë çaji dhallë
- Kripë
- Piper
- 1 rrip proshutë, e pjekur e freskët
- Fasule të skuqura
- Verde djegëse
- Djathë Mocarela, Cheddar dhe Monterey Jack të grira sipas dëshirës

a) Ngroheni tortilla në skarë të nxehtë. Rrihni vezët me dhallë, kripë dhe piper; përzieni derisa të vendoset, por jo fort.
Përhapeni vezët e fërguara në tortilla të ngrohur.
b) Sipër shtoni një rrip proshutë të gatuar në mënyrë të freskët, fasule të skuqura, Chili Verde.
c) Spërkateni shumë me djathëra; rrotullohem.
d) Flyeni me Chili Verde, nëse dëshironi.
e) Lëvizni në furrë me mikrovalë derisa djathi të shkrihet.

4. Kajun Mëngjesi Burritos

Bën: 6 RERBIME

PËRBËRËSIT:
- 2 lugë vaj vegjetal
- 1 kile sallam andouille, i prerë në kubikë
- 1 filxhan hash i ngrirë, i shkrirë
- 1 spec i kuq i madh, i prerë në kubikë
- ½ qepë e kuqe mesatare, e prerë në kubikë
- 7 vezë të rrahura
- ½ filxhan djathë çedër i grirë
- ½ filxhan djathë piper i grirë
- 6 tortilla të mëdha mielli, të ngrohura

UDHËZIME:
a) Vendoseni një tigan të madh jo ngjitës ose prej gize të aromatizuar mirë mbi nxehtësinë mesatare dhe derdhni vajin vegjetal. Kur vaji të nxehet, hidhni salsiçen në tigan dhe gatuajeni derisa të marrë pak ngjyrë kafe.

b) Më pas, shtoni hash brown, specat dhe qepët. Gatuani gjithçka për 4 deri në 5 minuta, ose derisa të zbutet. Hiqni përbërësit nga tigani.

c) Hidhni vezët në të njëjtën tigan dhe gatuajeni në masën e dëshiruar, më pas hiqni vezët nga tigani. Fikni zjarrin.

d) Në një tas të madh bashkoni vezët me përbërësit e tjerë. Spërkateni djathin dhe përzieni.

e) Vendosni tortillat e ngrohta në një sipërfaqe të sheshtë dhe shtoni ½ filxhan me mbushje sipër secilës. Mblidhni tortillat, shërbejini dhe shijoni!

f) Për t'u ngrohur, shkrini burritot, më pas ngrohini në furrë në 350 gradë F për 10 deri në 15 minuta.

5. Frigorifer Mëngjesi Burritos

Bën: 12 burrito

PËRBËRËSIT:
- ½ filxhan (80 g) qepë të copëtuara
- 1 filxhan (70 g) kërpudha të prera në kubikë
- 2 gota (80 g) spinaq të grirë
- 2 gota vezë (480 g) erëza tako (paketë ose shtëpi)
- 1 filxhan (100 g) domate të prera në kubikë
- 12-16 oz. (340-450g) gjeldeti i grirë/sallam i zier
- 12 tortilla (me pak karbohidrate, drithëra të mbirë dhe grurë të plotë janë të gjitha opsione të shkëlqyera të lehta)
- djathë me pak yndyrë, sipas dëshirës

UDHËZIME:
a) Kaurdisni qepët në pak spërkatje gatimi derisa të jenë të tejdukshme dhe të buta, vetëm disa minuta. Shtoni kërpudhat dhe spinaqin. Lëreni spinaqin të thahet.

b) Rrihni vezët dhe të bardhat e vezëve. Hidhni në tigan të nxehur dhe përzieni vezët derisa të gatuhen.

c) Shtoni mishin, erëzat taco dhe domatet, duke i trazuar mirë që të kombinohen dhe të lyhen.

d) Mbushni tortillat me përzierje dhe sipër me një majë djathë me pak yndyrë nëse dëshironi.

e) Palosni tortillat në burrito, duke i futur në anët në mënyrë që mbushja të mbyllet plotësisht dhe mbështilleni me mbështjellës plastik për të ruajtur formën. Ngrije!

f) Kur të jeni gati për t'u shijuar, ngroheni në mikrovalë për rreth 1-2 minuta, duke e kthyer përgjysmë.

6. Burrito për mëngjes në çdo kohë

Bën: 6 racione

PËRBËRËSIT:
- ¾ filxhan salcë kosi (e rregullt, e lehtë ose pa yndyrë)
- 2 lugë gjelle përzierje erëzash tako
- 6 vezë
- 6 tortilla me miell (8 inç), të ngrohura
- ¾ filxhan djathë çedër i grirë
- 1 filxhan marule rome e grirë
- 1 domate mesatare e pjekur, me fara, e prerë

a) Në një tas të vogël përzieni përzierjen me salcë kosi dhe erëza taco; lënë mënjanë. Në një enë mesatare rrihni vezët me 2 lugë ujë derisa të rrihen mirë.

b) Hidhni vezët në një tigan 10 inç të spërkatur me llak gatimi që nuk ngjit.

c) Gatuani mbi nxehtësi mesatare të ulët, duke i përzier herë pas here, derisa vezët të jenë vendosur (3-5 minuta).

d) Për të mbledhur burritos, shpërndani rreth 2 lugë gjelle përzierje kosi mbi çdo tortilla të ngrohtë.

e) Hidhni sipër ⅙ vezë, djathë, marule dhe domate. Rrotulloni fort; shërbejeni të ngrohtë.

7. Burritos për mëngjes të padëshiruar

Bën: 6 racione

PËRBËRËSIT:
- 1 kanaçe SPAM e mishit të drekës, në kubikë (12 oz)
- 4 vezë
- 2 lugë qumësht
- 1 lugë gjelle gjalpë ose margarinë
- 6 tortilla me miell (6 inç)
- 1 filxhan djathë Cheddar i grirë, i ndarë
- 1 filxhan djathë Monterey Jack i grirë, i ndarë
- Salsa CHI-CHI në salcë Taco

a) Nxehni furrën në 400'F. Në një tas, rrihni së bashku SPAM-in, vezët dhe qumështin. Shkrini gjalpin në një tigan të madh; shtoni përzierjen e vezëve.

b) Gatuani, duke e trazuar, deri në gatishmërinë e dëshiruar. Mbushni çdo tortilla me përzierje SPAM dhe gjysmën e djathrave.

c) roll burrito; vendosni anën e tegelit poshtë në enë pjekjeje 12x8". Spërkateni djathin e mbetur sipër burritos.

d) Piqni 5-10 minuta ose derisa djathi të shkrihet.

e) Shërbejeni me salsa.

8. Burrito për mëngjes texmex

Bën: 6 racione

PËRBËRËSIT:
- 1 çdo spec jeshil; i copëtuar
- ⅔ filxhan qepë të copëtuar
- 2 lugë gjalpë ose margarinë; i shkrirë
- 8 vezë; i rrahur
- 1 filxhan (4 oz) Monterey jack ose djathë çedër
- Salcë picante kavanoz 16 ons
- 6 tortilla me miell 8 inç
- 1 salcë kosi (sipas dëshirës)

a) Kaurdisni specin jeshil dhe qepën në gjalpë në një tigan të madh që nuk ngjit derisa të zbuten.
b) Kombinoni vezët dhe djathin; shtoni në tigan. Gatuani në zjarr të ulët, duke e trazuar butësisht, derisa vezët të jenë të vendosura. Ngrohni salcën picante në një tigan të vogël derisa të ngrohet.
c) Lagni çdo tortilla në salcë pikante.
d) Hidhni rreth ½ filxhan përzierje vezësh në qendër të secilës tortilla.
e) Rrokullisni tortilla lart dhe vendosni anën e tegelit poshtë në një enë pjekjeje të lyer me pak yndyrë 13 x 9 x 2 inç.
f) Spërkateni me salcën e mbetur picante. E mbulojmë dhe e pjekim në 350 gradë për 10 minuta ose derisa të nxehet. Shërbejeni me salcë kosi sipas dëshirës.

LASAT BURRITO

9. Tas Burrito Burger Veggie

Bën: 2 tasa

PËRBËRËSIT:
- 2 Burgera me bazë bimore
- 4 gota zarzavate sallatë
- 1/2 filxhan oriz kaf
- 1 patate e ëmbël mesatare, e prerë në kubikë
- 1/2 filxhan fasule të zeza të ziera
- 1 avokado e vogël e pjekur, e prerë në thelb dhe mish, e prerë në feta hollë
- 1/2 filxhan pico de gallo
- veshja e preferuar

UDHËZIME
a) Gatuani orizin sipas udhëzimeve të paketimit; lini mënjanë kur të keni përfunduar.
b) Ngroheni furrën në 375°F dhe lyeni fletën e pjekjes me letër furre.
c) Vendosni patatet e ëmbla të prera në kubikë në një fletë pjekjeje të shtruar dhe spërkatini me vaj ulliri; përdorni duart për t'u veshur plotësisht.
d) Piqni patatet e ëmbla për rreth 20 minuta ose derisa të zbuten.
e) Gatuani burgerin sipas udhëzimeve të treguara.
f) Shpërndani në mënyrë të barabartë zarzavate me gjethe, orizin, patatet e ëmbla të gatuara, fasulet e zeza, avokadon e prerë në feta dhe pico de gallo midis dy tasave.
g) Hidhni sipër një hamburger pak të ftohur dhe lyeni me salcën tuaj të preferuar.

10. Tasat me burrito me pulë

PËRBËRËSIT:

Salca e kremit chipotle
- ½ filxhan kos grek pa yndyrë
- 1 spec çipotle në salcë adobo, i grirë ose më shumë për shije
- 1 thelpi hudhër, të grirë
- 1 lugë gjelle lëng gëlqereje të freskët të shtrydhur

TASI BURRITO
- ⅔ filxhan oriz kafe
- 1 luge vaj ulliri
- 1 kile pule e bluar
- ½ lugë çaji pluhur djegës
- ½ lugë çaji pluhur hudhër
- ½ lugë çaji qimnon i bluar
- ½ lugë çaji rigon të tharë
- ¼ lugë çaji pluhur qepë
- ¼ lugë çaji paprika
- Kripë Kosher dhe piper i zi i sapo bluar, për shije
- 1 (15 ons) kanaçe fasule të zeza, të kulluara dhe të shpëlarë
- 1 ¾ filxhan kokrra misri (të ngrira, të konservuara ose të pjekura)
- ½ filxhan pico de gallo (e bërë në shtëpi ose e blerë në dyqan)

UDHËZIME:

a) PËR salcën e kremit chipotle: Rrihni së bashku kosin, specin çipotle, hudhrën dhe lëngun e limonit. Mbulojeni dhe vendoseni në frigorifer deri në 3 ditë.

b) Gatuani orizin sipas udhëzimeve të paketimit në një tenxhere të madhe me 2 gota ujë; lënë mënjanë.

c) Ngrohni vajin e ullirit në një tenxhere të madhe ose furrë holandeze mbi nxehtësinë mesatare-të lartë. Shtoni pulën e bluar, djegësin pluhur, hudhrën pluhur, qimnonin, rigonin, pluhurin e qepës dhe paprikën; I rregullojmë me kripë dhe piper. Gatuani derisa pula të ketë marrë ngjyrë kafe, 3 deri në 5 minuta, duke u kujdesur që ta thërrmoni pulën ndërsa gatuhet; kulloni yndyrën e tepërt.

d) Ndani orizin në enë për përgatitjen e ushqimit. Sipër shtoni përzierjen e bluar të pulës, fasulet e zeza, misrin dhe pico de gallo. Mbahet i mbuluar në frigorifer për 3 deri në 4 ditë. Spërkateni me salcë kremi me çipotle. Zbukuroni me cilantro dhe gëlqere, nëse dëshironi, dhe shërbejeni. Ngroheni në mikrovalë në intervale 30 sekondash derisa të nxehet.

11. Burrito-Bowl-In-A-Jar

Bën: 1 kavanoz

PËRBËRËSIT:
- 2 lugë salsa
- ¼ filxhan (40 g) fasule/salsa me fasule ⅓ filxhan (60 g) oriz i gatuar/quinoa
- 3 oz. (85 gr) gjeldeti i grirë, mish pule ose proteina e preferuar e gatuar
- 2 lugë djathë çedër me pak yndyrë
- 1 ½ filxhan (60 g) marule/zarzavate
- 1 lugë kos grek ("kosi")
- ¼ avokado

UDHËZIME:
a) Shtroni të gjithë përbërësit tuaj : në kavanoz.
b) Ruani për të ngrënë në një kohë të mëvonshme.
c) Kur të jeni gati për të ngrënë, derdhni kavanozin në një pjatë ose tas për ta përzier dhe për ta përpirë!
d) Zgjat 4-5 dite ne frigorifer.

12. Mango dhe fasule për mëngjes Burrito Bowl

Bën: 4

PËRBËRËSIT:
- 1 grumbull orizi jeshil
- 1 (15 ons) kanaçe fasule të zeza, të shpëlarë dhe të kulluar
- 2 mango të pjekura mesatare deri në të mëdha, të prera në kubikë
- 1 avokado, të prerë në kubikë ose në feta
- 1 spec i kuq zile, i prerë në kubikë
- 1 filxhan misër, i pjekur në skarë, i papërpunuar ose i zier
- ½ filxhan cilantro të prerë në kubikë
- ¼ filxhan qepë të kuqe të prerë në kubikë
- 1 jalapeño, e prerë në feta
- Veshjet opsionale:
- Mango jalapeño cilantro
- Gëlqere cilantro
- Salcë shqeme Jalapeño

UDHËZIME:
a) Fillimisht gatuajeni orizin sipas **UDHËZIMEVE:** në recetë. Ndërsa orizi juaj gatuhet, ju mund të copëtoni të gjitha perimet dhe frutat tuaja për tasat.
b) Kur të keni mbaruar, ndajeni orizin midis katër tasave, më pas ndani në mënyrë të barabartë fasulet e zeza, mangon, avokadon, specin e kuq zile, misrin, cilantron, qepën e kuqe dhe fetat jalapeño midis tasave.
c) Shërbejeni me copa gëlqereje.

13. Fasule të zeza dhe kupa Chorizo

Bën: 4

- 3 gota (90 g) spinaq bebe
- 2 lugë avokado ose vaj ulliri ekstra të virgjër, të ndara
- 8 ons lulelakër me oriz
- Kripë Kosher dhe piper i zi i sapo bluar
- ¼ filxhan (4 g) cilantro e freskët e grirë hollë
- 8 ons chorizo meksikan ose soyrizo, zorrët janë hequr
- 4 vezë të mëdha
- 1 filxhan (200 g) fasule të zeza, të kulluara dhe të shpëlarë
- Salsa
- ½ filxhan (120 ml) salcë avokado
- Ndani spinaqin midis tasave.

a) Ngrohni 1 lugë gjelle (15 ml) vaj në një tigan të madh mbi nxehtësinë mesatare.
b) Shtoni lulelakrën e grirë dhe e rregulloni me kripë dhe piper.
c) Gatuani, duke e përzier herë pas here, derisa lulelakra të nxehet dhe të jetë zbutur pak, rreth 3 minuta.
d) Hiqeni nga zjarri dhe përzieni cilantron. Ndani mes tasave. Fshijeni tiganin të pastër.
e) Ngrohni 1 lugë gjelle të mbetur (15 ml) vaj në të njëjtin tigan mbi nxehtësinë mesatare. Shtoni chorizo-n. Gatuani, duke e copëtuar mishin me një lugë druri, derisa të gatuhet dhe të skuqet mirë, për 6 deri në 8 minuta. Përdorni një lugë të prerë për të transferuar chorizo në një pjatë të veshur me peshqir letre.
f) Ulni zjarrin në të ulët dhe skuqni vezët në të njëjtën tigan.

g) Për t'i shërbyer, sipër tasave me chorizo, vezë, fasule të zeza dhe salsa.

h) Spërkateni me salcë avokado dhe spërkatni me cilantro shtesë.

14. Kupa Burrito me oriz lulelakër

Bën: 4

PËRBËRËSIT:
- Piper zile, i prerë në kubikë - 0,33 filxhan
- Lulelakra me oriz - 3 gota
- Pluhur djegës - .5 lugë çaji
- Vaj ulliri - 1,5 lugë gjelle, të ndarë
- Kripë deti - 1,5 lugë çaji, e ndarë
- Hudhra, e grirë - 2 karafil
- Patate e ëmbël, e qëruar dhe e prerë në kubikë - 1
- Qimnon - .5 lugë çaji
- Misër - .5 filxhan
- Guacamole - 0,5 filxhan
- Cilantro, copëtuar - 0,5 filxhan
- Fasulet e zeza të kulluara dhe të shpëlarë - 1 kanaçe
- Chipotle në adobo, copëtuar - 2 speca
- Qepë, e prerë në kubikë - 0,25 filxhan
- Qepë, e prerë në kubikë - .25
- Ujë - 2 lugë gjelle
- Piper i errët, i bluar - .25 lugë çaji
- Pastë domate - 1 lugë gjelle

UDHËZIME:
a) Për të gatuar pataten tuaj të ëmbël, filloni duke e lejuar tenxheren tuaj elektrike të nxehet paraprakisht në 400 gradë Fahrenheit. Vendoseni pataten e përgatitur në një tavë alumini të veshur me pergamenë dhe vendoseni në tenxhere elektrike.

b) Gatuani derisa të zbuten, rreth njëzet e pesë deri në tridhjetë minuta. Në gjysmë të kohës së gatimit, kthejini kubet në mënyrë që të gatuhen në mënyrë të barabartë.

c) Ndërkohë, ngrohni një lugë gjelle vaj ulliri në një tigan të madh në mes të ngritur. Pasi të jetë nxehtë, shtoni gjysmë filxhani qepë, duke e zier për dy minuta. Hidhni hudhrën dhe gatuajeni për tridhjetë sekonda të tjera përpara se të shtoni lulelakrën e grirë dhe gjysmën e kripës së detit në tigan. Gatuani derisa lulelakra të zbutet, rreth katër minuta.

d) Ndërkohë, në një tigan tjetër ngrohni gjysmën e lugës së mbetur të vajit të ullirit në lartësinë e mesit dhe shtoni gjysmën e filxhanit të mbetur me qepë dhe piper.

e) Gatuani qepën për tre minuta përpara se të shtoni fasulet, qimnon, çipsin në adobo, gjysmën e kripës së detit, ujin, pastën e domates, pluhurin djegës, misrin, piper të errët.

f) Gatuajini të gjithë këta **PËRBËRËS:** së bashku me fasulet për tre minuta të tjera përpara se t'i hiqni nga zjarri.

g) Për të përgatitur tasat tuaja, vendosni pjesën e poshtme të çdo tasi me një porcion orizi me lulelakër. Sipër shtoni patate të ëmbël, fasule të zeza dhe përzierje misri, guacamole dhe cilantro.

BURRITO SHPEL

15. Burritos me djathë dhie pule

Bën: 4 porcione

PËRBËRËSIT:
- 1 kile gjoks pule me kocka/lëkurë
- 1 lugë çaji qimnon i bluar
- ½ lugë çaji kripë dhe piper
- 4 tortilla me miell; me pak yndyrë
- 1 kanaçe (15 oz) fasule të zeza
- 1 lugë çaji vaj sallate
- ½ filxhan (3 oz) djathë dhie të butë, të copëtuar në copa të vogla
- 1 filxhan deri në 1 1/2 filxhan salsa jeshile

a) Pritini pulën në shirita ½ "nga 3". Në një tas, lyejeni në mënyrë të barabartë me qimnon, kripë dhe piper.
b) Mbyllni tortillat në letër dhe ngrohni në një furrë 350F derisa të nxehen, rreth 10 minuta.
c) Vendosni fasulet dhe lëngun e tyre në një tigan prej 1 litërsh dhe ziejini mbi nxehtësi mesatare deri në flluska, rreth 5 minuta.
d) Në një tigan 10-12" që nuk ngjit mbi nxehtësinë mesatare, përzieni shpesh pulën dhe vajin derisa mishi të mos jetë më rozë në qendër, rreth 6 minuta.
e) Vendosni tortillat në shesh. Në 1 skaj të secilës, mbushni në mënyrë të barabartë me pulë, fasule (përfshirë pjesën më të madhe të lëngut), djathë dhe ½ c salsa.
f) Palosni anët dhe mbështilleni fort për ta mbyllur.
g) Shtoni më shumë salsa për shije.

16. Burrito me oriz pule

Bën: 60 racione

PËRBËRËSIT:
- 3 gota salcë kosi
- $\frac{3}{4}$ filxhan qumësht
- $\frac{1}{2}$ filxhan djegës jeshil
- 1 pako Pilaf oriz me shije pule të markës Uncle Ben
- $\frac{1}{2}$ lugë çaji piper kajen
- 6 paund pulë të prerë në kubikë të zier
- 2 lugë kripë
- 60 tortilla me miell

a) Kombinoni kosin, qumështin dhe specat e gjelbër. Ftoheni për të përzier shijet.
b) Gatuani orizin sipas udhëzimeve të paketimit duke shtuar piper kajen.
c) Përzieni mishin e pulës dhe kripën. Nxehtësia përmes. Mbulojeni dhe mbajeni të ngrohtë (150-160 øF.) derisa të jeni gati për t'u shërbyer.
d) Vendi Nr. 12 lugë përzierje pule-orizi mbi tortilla. Palos.
e) Hidhni $\frac{1}{2}$ ons salcë kosi sipër tortillave të palosura.

17. **Burrito kineze**

Bën: 4 porcione

PËRBËRËSIT:
- 4 tortilla me miell; 8 inç
- 2 gota pule dhe piper i embel i perziejme
- 4 ons kërpudha të konservuara; i prerë në feta dhe i kulluar
- ¼ filxhan konserva kumbulle

a) Mbështilleni tortillat në letër. Ngroheni në furrë 350° për 10 minuta që të zbutet.

b) Ndërkohë, në një tenxhere të gatuar përzieni mishin e pulës së rezervuar dhe piperin e ëmbël, përzieni skuqjen, kërpudhat dhe kumbullat përpara se t'i shërbeni.

c) Gatuani dhe përzieni mbi nxehtësinë mesatare për rreth 5 minuta ose derisa të nxehet.

d) Për ta mbledhur, hidhni një lugë ¼ e përzierjes së pulës në qendër të secilës tortilla. Palosni anët e kundërta të tortillas në mënyrë që të mbivendosen.

18. Burrito me pulë dhe ananas

PËRBËRËSIT:

- ½ filxhan pulë të grirë, të hequr lëkurën
- 3 lugë salsa me cilësi të lartë
- 2 luge fasule te zeza te konservuara, te shpelara dhe te kulluara
- 2 lugë qepë të kuqe të grira hollë
- 2 lugë ananas të freskët të prerë në kubikë
- 2 lugë speca zile të grira hollë
- ¼ lugë çaji qimnon i bluar
- ¼ lugë çaji kripë kosher
- Tortilje gruri 6 inç

UDHËZIME:

a) Në një enë përzieni të gjithë përbërësit, përveç tortillas.
b) Hidheni në një filxhan 12 ons.
c) Mbulojeni dhe vendoseni në mikrovalë derisa qepët të jenë të buta, rreth 2 minuta.
d) Vendoseni tortillan në një pjatë dhe mbulojeni me një peshqir kuzhine të pastër.
e) Vendoseni në mikrovalë derisa të ngrohet, rreth 20 sekonda
f) Hidhni mbushjen me lugë mbi tortilla dhe rrotullojeni.

19. Tigan Burrito pule

Bën: 6 racione

PËRBËRËSIT:
- 1 kile gjoks pule pa kocka pa lëkurë, të prera në copa 1-1/2 inç
- 1/8 lugë çaji kripë
- 1/8 lugë çaji piper
- 2 lugë vaj ulliri, të ndara
- 1 filxhan oriz me kokrra te gjata te pazier
- 1 kanaçe (15 ons) fasule të zeza, të shpëlarë dhe të kulluar
- 1 kanaçe (14-1/2 ons) domate të prera në kubikë, të kulluara
- 1 lugë çaji qimnon i bluar
- 1/2 lugë çaji pluhur qepë
- 1/2 lugë çaji pluhur hudhër
- 1/2 lugë çaji pluhur djegës
- 2-1/2 gota supë pule me natrium të reduktuar
- 1 filxhan djathë meksikan të grirë përzierje
- 1 domate mesatare, e prerë
- 3 qepë të njoma, të grira

UDHËZIME:
a) I hedhim pulën me kripë dhe piper. Në një tigan të madh prej gize ose një tigan tjetër të rëndë, ngrohni 1 lugë gjelle vaj mbi nxehtësinë mesatare-të lartë; Skuqeni pulën derisa të marrë ngjyrë kafe, rreth 2 minuta. Hiqeni nga tigani.

b) Në të njëjtin tigan, ngrohni vajin e mbetur mbi nxehtësinë mesatare-të lartë; kaurdisni orizin derisa të skuqet lehtë, 1-2 minuta. Përzieni fasulet, domatet e konservuara, erëzat dhe lëngun e mishit; lëreni të ziejë. Vendoseni pulën sipër (mos e përzieni në oriz). Ziejini, i mbuluar, derisa orizi të zbutet dhe pula të mos jetë më rozë, 20-25 minuta.

c) Hiqeni nga nxehtësia; spërkatni me djathë. Lëreni të qëndrojë i mbuluar derisa djathi të shkrihet. Hidhni sipër domatet dhe qepët e njoma.

20. Burrito me rosë

Bën: 4 racione

PËRBËRËSIT:
- 1 luge vaj ulliri
- ½ filxhan qepë të grira
- 1 kalli misër i ëmbël, i grirë
- Nga kalli
- 1 lugë Shalot i grirë
- 2 lugë çaji hudhër të copëtuar
- 1 Gjoks rosë e pjekur, (8 deri
- 10 Ounces) të tërhequr
- 1 filxhan fasule të zeza të ziera
- 1 filxhan oriz i bardhë i zier
- 1 lugë gjelle pluhur djegës
- 2 lugë çaji Qimnon
- 1 filxhan rosë ose ndonjë lëng mishi i errët
- Kripë dhe piper të zi
- 1 lugë gjelle cilantro e copëtuar
- 6 tortilla me miell
- 12 kruese dhëmbësh
- Vaj për tiganisje
- Thelbi
- ½ filxhan djathë çedër i grirë
- ½ filxhan djathë Monterey Jack i grirë
- 1 filxhan krem kosi Jalapeno

a) Në një tigan të madh, në zjarr mesatar, shtoni vajin e ullirit. Kur vaji të jetë nxehur, shtoni qepët dhe skuqini për 1 minutë.

b) I rregullojmë me kripë dhe piper. Shtoni misrin, qepujt dhe hudhrën dhe vazhdoni të kaurdisni për 2 minuta. Përzieni mishin e grirë, fasulet e zeza dhe orizin.

c) E rregulloni përzierjen me pluhur djegës dhe qimnon. Shtoni lëngun e rosës dhe lëreni të ziejë.

d) Zvogëloni zierjen dhe gatuajeni për 2 deri në 3 minuta ose derisa lëngu të reduktohet me ⅔. Përzieni cilantron.

e) Ftoheni plotësisht përzierjen. Ngrohni paraprakisht tiganin. Lugë ¾ filxhan të mbushjes në qendër të çdo tortilla miell.

f) Lagni lehtë anët e tortiljes me ujë. Palosni anët e tortillas dhe rrotulloni fort tortillan, duke formuar një burrito, sigurohuni që anët të jenë plotësisht të mbyllura. Nëse është e nevojshme, sigurojeni çdo burrito me kruese dhëmbësh.

g) Vendosini burritot, dy nga një në vajin e nxehtë dhe skuqini derisa të marrin ngjyrë kafe të artë, rreth 2 deri në 3 minuta nga secila anë. Përziejini burritot me një lugë, herë pas here që të skuqen në tërësi. Skuqini burritot në tufa.

h) Hiqni burritot nga vaji dhe kullojini në një pjatë të veshur me letër. I rregulloni burritot me Essence. Shërbejini burritot me salcën e misrit djegës.

i) Zbukuroni çdo burrito me një spërkatje të dy djathrave dhe salcë kosi Jalapeno.

21. Burrito me gjeldeti të bluar

Bën: 8 racione

PËRBËRËSIT:
- 1 kile gjeldeti i bluar ose viçi
- 1 qepë e madhe -- e copëtuar
- 1 piper i madh jeshil -- i copëtuar
- 2 Chiles serrano (opsionale) të grira
- 1 thelpi hudhër -- i grirë
- 1 kanaçe fasule të skuqura
- 1 kanaçe Kili -- e copëtuar
- $\frac{3}{4}$ filxhan salcë Picante
- 1 lugë çaji qimnon i bluar
- $\frac{1}{2}$ lugë çaji rigon
- 1 lugë çaji Kripë
- 1 dash Cayenne
- 1 filxhan djathë Monterey jack, i grirë
- 8 tortilla me miell

a) E skuqim gjelin me qepë, speca dhe hudhër. Kulloni yndyrën e tepërt.
b) Shtoni përbërësit e mbetur dhe ziejini për rreth 10 minuta.
c) Lëreni të ftohet pak në mënyrë që masa të jetë pak më e fortë. Ngroheni tortillat në mikrovalë ose individualisht në një tigan që të zbuten.
d) Vendosni një lugë të madhe në qendër të çdo tortilla, sipër me pak djathë dhe mbështilleni duke i palosur majat brenda.
e) Shtesa opsionale: fasule të zeza, misër, më shumë djegës, oriz, çfarëdo që ju pëlqen.

BEAN BURRITO

22. Mini burrito perimesh

Bën: 10

PËRBËRËSIT:
- Një kanaçe prej 15 ons fasule të skuqura vegjetariane
- Një kanaçe prej 15 ons fasule të zeza, të kulluara dhe të shpëlarë
- 6 lugë vaj
- 1 qepë e ëmbël, e prerë në kubikë
- 1 kungull i njomë i vogël ose kungull veror, i grirë
- 2 lugë çaji kripë
- 1 spec i kuq zile, i grire
- 1 filxhan kërpudha të prera në feta
- 1 filxhan patate të ziera në kubikë
- 1 lugë çaji paprika
- 2 lugë çaji qimnon
- ¼ lugë çaji piper kajen
- 1 filxhan oriz të zier me kokërr të gjatë
- 20 tortilla të vogla me miell
- 2 gota djathë çedër të grirë
- Salsa, salcë kosi dhe guacamole për servirje

a) Ngrohni furrën në 300°F.
b) Në një tenxhere 2 litra, përzieni dy kanaçe fasule së bashku me 2 deri në 3 lugë ujë dhe lërini të ziejnë në zjarr të ulët.
c) Ndërsa fasulet janë duke u zier, ngrohni një tigan në zjarr mesatar dhe shtoni 6 lugë vaj. Lëreni vajin të ngrohet për 30 sekonda, më pas shtoni qepën dhe skuqeni derisa të marrë ngjyrë kafe të artë, rreth 8 minuta.

d) Ndërsa qepa është duke u zier, hidhni kungulleshkat e grira me 1 lugë çaji kripë në një kullesë dhe shtrydhni ujin e tepërt. Lini mënjanë.

e) Shtoni specin zile në qepët e skuqura dhe gatuajeni për disa minuta përpara se të shtoni kërpudhat, kungull i njomë dhe patatet.

f) Spërkateni me paprika, qimnon dhe piper kajen dhe gatuajeni derisa kërpudhat të kenë lëshuar lëngun e tyre, rreth 5 minuta.

g) Hiqeni përzierjen e perimeve nga zjarri dhe shtoni 1 lugë çaji të mbetur kripë. Shtoni orizin e gatuar në përzierjen e perimeve dhe përzieni që të kombinohen.

h) Përhapeni një lugë të mbushur me fasule në secilën tortilla. Më pas, vendosni një lugë të mbushur me perime dhe oriz në mes, sipër me një spërkatje të vogël djathi.

i) Për të palosur, sillni skajin e poshtëm të tortiljes lart mbi mbushje, më pas futni anët dhe mbulojeni me skajin e sipërm të tortillas.

j) Ju dëshironi një paketë të pavarur me sa më pak mbushje të jetë e mundur.

k) Vendoseni burriton në një tavë qelqi dhe përsërisni derisa të keni 20 burrito të vogla ose derisa t'ju mbarojë mbushja.

l) Lyejeni burriton me vaj dhe piqini për 10 minuta, vetëm derisa tortillat të marrin ngjyrë kafe të artë.

m) Shërbejeni me salsa, salcë kosi dhe guacamole.

23. Burrito me fasule dhe tvp

Bën: 10 racione

PËRBËRËSIT:
- 10 (10 inç) tortilla ose chapatis
- 1 filxhan fasule pinto të thata, të njomura
- Gjatë natës në 3 gota ujë
- 1 gjethe dafine
- 3 thelpinj hudhre, te grira
- ½ filxhan granula ose thekon TVP
- ½ filxhan (më pak 1 T.) ujë të nxehtë
- 2 lugë çaji pluhur djegës
- 1 lugë çaji Qimnon
- 1 lugë çaji Kripë
- ½ lugë çaji rigon
- 1 luge vaj ulliri
- 1 filxhan qepë, të copëtuar

a) Kullojini, shpëlajini dhe ziejini fasulet derisa të zbuten (70-90 minuta) në 3 gota ujë me gjethen e dafinës dhe hudhrën.
b) Kulloni fasulet, por rezervoni lëngun në rast se duhet më vonë për të holluar masën e mbushjes.
c) Kombinoni TVP, ujin e nxehtë, lëngun e fasules së nxehtë, pluhurin djegës, qimnonin, kripën dhe rigonin.
d) Kaurdisni qepën në vaj ulliri në një tigan me madhësi të mirë derisa të zbutet.
e) Shtoni TVP-në e kalitur dhe gatuajeni edhe disa minuta. Përzieni fasulet e gatuara, më pas transferojeni përzierjen në një përpunues ushqimi ose blender dhe grijeni në një mbushje me teksturë mjaft të lëmuar, duke

shtuar pak nga lëngu i fasules nëse përzierja është shumë e trashë.

f) Shijoni dhe shtoni pak salcë të nxehtë sipas dëshirës. Nëse bëhet në një blender, mund t'ju duhet ta bëni në dy grupe, më pas përzieni grupet së bashku.

g) Për ta montuar: ngrohni një tigan ose tigan derisa disa pika uji të kërcejnë në sipërfaqe.

h) Skuqini çdo tortilla nga të dyja anët derisa sipërfaqja e tortilla të fillojë të flluskojë dhe të skuqet pak. Mbajini ato të ngrohta në një peshqir të trashë. Kur të gjitha të jenë nxehur, vendosni rreth ⅓ filxhan mbushje në njërën anë të një tortilla dhe rrotullojeni.

i) Ju mund të dëshironi të bashkëngjitni ose të shërbeni me pjatat anësore me marule të grira, djathë soje të grirë, salcë salsa ose avokado të prera në feta.

j) Burritos mund të bëhen përpara, të mbahen të mbështjella dhe të piqen para se të shërbejnë.

k) E mbështjellim, e vendosim në tepsi, i lyejmë sipër me pak vaj sipas dëshirës dhe e pjekim në 350 gradë për rreth 20 minuta.

24. Tavë burrito me fasule

Bën: 6 racione

PËRBËRËSIT:
- 2 gota salcë domate
- 3 gota ujë
- ¼ lugë çaji pluhur hudhër
- 5 gota fasule pinto; pure
- 1 filxhan qepë të njoma; i gatuar
- ½ lugë çaji pluhur qepë
- 3 lugë djegës pluhur
- 4 lugë niseshte misri ose shigjeta
- ½ filxhan ullinj të zi; i copëtuar
- 12 tortilla me grurë të plotë

a) Salca: Kombinoni të gjithë përbërësit e salcës : në një tenxhere.
b) Gatuani, duke e përzier vazhdimisht, derisa masa të vlojë dhe të trashet, rreth 7 minuta.
c) Tavë: Vendosni përbërësit e tavës në enë të veçantë.
d) Për ta montuar: Përhapni 1 filxhan salcë në fund të një tavë të mbuluar. Mbushni çdo tortilla me një përzierje të fasuleve, qepëve të njoma dhe ullinjve. Rrotulloni dhe vendosni qepjen nga ana e poshtme në enën e tavës. Hidhni salcën e mbetur mbi tortillat e rrotulluara. E mbulojmë dhe e pjekim në 350 gradë për 30 minuta.

25. Burrito me fasule me salsa meksikane

Bën: 10 Burritos

PËRBËRËSIT:
- 10 tortilla me miell
- 2½ filxhan fasule pinto të thata
- 6 gota ujë
- 2 qepë të mesme; i prerë në kubikë
- 1 majë kripë (opsionale)
- 1½ domate mesatare të pjekura; i prerë në kubikë
- ¼ filxhan speca jalapeno të prera në kubikë
- ½ qepë mesatare; i prerë në kubikë
- 1 lugë gjelle koriandër të freskët të grirë (cilantro)
- 1 qepë e gjelbër; i copëtuar

a) Lani dhe kulloni fasulet. Në një tenxhere të madhe vendosni fasulet, ujin, qepët dhe kripën të ziejnë.

b) Uleni zjarrin, mbulojeni dhe ziejini, duke shtuar më shumë ujë, nëse është e nevojshme, derisa fasulet të zbuten dhe të pureja lehtë (afërsisht 3 orë).

c) Përzieni përbërësit për salsa në një tas të vogël. Lini mënjanë.

d) I kullojmë dhe i bëjmë pure fasulet me pure patatesh ose mikser elektrik.

e) Ngroheni furrën në 350 gradë. Mbështillini tortillat në letër dhe ngrohni në furrë për 8 deri në 10 minuta.

f) Hidhni me lugë pak nga përzierja e fasuleve mbi secilën tortilla, sipër me qepë të njoma dhe salsa, dhe rrotullojeni në një burrito.

26. Burrito me fasule të zeza dhe papaja

Bën: 4 porcione

PËRBËRËSIT:
- 4 Pulë pa lëkurë, pa kocka
- 1 gjysma e gjoksit (gjithsej 12 oz)
- 1 filxhan lëng pule ose ujë
- 1 gjethe dafine
- ½ lugë çaji qimnon i bluar
- 8 tortilla me miell 10 inç
- ½ filxhan qepë të grirë
- 1 lugë gjelle vaj gatimi
- 1 kanaçe (15 oz) fasule të zeza ose pinto
- 1 Fasule të lara dhe të kulluara
- 1 ose 2 speca jalapeno ose serrano, s
- 1 papaja mesatare e pjekur, me fara,
- 1 Të qëruara dhe të prera hollë,
- 1 ose 2 portokall të qëruar dhe
- 1 Seksionuar
- 1 filxhan fole Monterey e copëtuar ose
- 1 djathë mocarela (4 oz)
- ¼ filxhan cilantro të freskët të copëtuar ose
- 1 majdanoz
- 1 salsa (opsionale)

a) Vendosni gjoksin e pulës, lëngun ose ujin, gjethen e dafinës dhe qimnonin në një tigan të mesëm. Lëreni të vlojë, zvogëloni nxehtësinë. Ziejini, të mbuluara, për 15 deri në 20 minuta ose derisa pula të jetë e butë dhe të mos jetë më rozë.

b) Kullojeni, duke rezervuar lëngun. Lëreni pulën të qëndrojë derisa të ftohet. Përdorni një pirun për të ndarë pulën në fije të gjata e të holla. Lini mënjanë. Hiqni gjethen e dafinës nga supa. Vendosni tortillat dhe mbështillni fort me fletë metalike. Ngroheni në furrë me 350 gradë për 10 minuta që të zbutet.

c) Ndërkohë, në një tigan të madh kaurdisim qepën e grirë në vaj të nxehtë derisa të zbutet; por jo kafe.

d) Shtoni me kujdes fasulet; jalapeno, serrano ose spec djegës të konservuar; dhe $\frac{1}{4}$ filxhan lëng mishi të rezervuar.

e) Me një lugë druri ose pure patate, i grijmë fasulet në tigan (Përzierja duhet të jetë e trashë.) E heqim nga zjarri.

f) Përhapeni 2 deri në 3 lugë gjelle nga përzierja e fasuleve në mes të secilës tortilla. Sipër secilit me pak pulë; papaja ose portokalli; djathë i grirë; dhe cilantro ose majdanoz.

g) Palosni anët e secilës tortilla mbi mbushjen, duke e mbivendosur dhe duke formuar një formë koni. Mbërtheni me një kruese dhëmbësh.

h) Rregulloni burritot në një tepsi. Mbulojeni lehtë me fletë metalike.

i) Piqini në një furrë 350 gradë F për 15 deri në 20 minuta ose derisa burritot të nxehen.

j) Nëse dëshironi, shërbejeni me salsa dhe zbukurojeni me domate qershi dhe degëza trumzë.

27. Rancheros Burritos

Bën: 6 racione

PËRBËRËSIT:
- 1 3-4 lb i pjekur me çak viçi
- 2 lugë djegës pluhur
- 1 lugë çaji rigon
- ¼ lugë çaji qimnon i bluar
- 2 thelpinj hudhër; grimcuar përmes një shtypi
- 1 Anaheim chile ose
- Kili tjetër i gjelbër gjysmë i nxehtë; me fara dhe të prera
- 2 qepë të mesme; i copëtuar
- 28 ons Mund të prerë domate të qëruara; i pakulluar
- 30 ounces Can fasule djegës; kulluar
- 2½ deri në 3 T. miell me përzierje të shpejtë
- 3 lugë gjelle; ujë të ftohtë
- 6 tortilla me miell; ngrohur
- 1 filxhan djathë Cheddar (4 oz); i copëtuar
- Guacamole Supreme
- ¾ filxhan salcë kosi
- 2 avokado të pjekura
- ½ lugë çaji kripë me erëza
- 1 thelpi hudhër; i grirë
- 1 lugë çaji cilantro e freskët (opsionale)
- 2 lugë lëng të freskët gëlqereje

a) Në një furrë holandeze 6 litra, skuqni viçin nga të dyja anët në nxehtësi të lartë. Shtoni pluhur djegës, rigon, qimnon, hudhrën, djegësin dhe qepët.

b) Përziejini domatet me lëngun e tyre. Nxehtësia deri në valë; zvogëloni nxehtësinë në minimum dhe gatuajeni 2-½ deri në 3 orë, ose derisa mishi të shpërbëhet.

c) Hiqeni mishin nga lëngu i gatimit dhe lëreni të qëndrojë derisa të ftohet mjaftueshëm për ta trajtuar lehtë.

d) Shtoni fasulet. Përzieni miellin dhe ujin e ftohtë dhe përzieni në një tenxhere të lëngshme. Ngroheni deri në valë, duke e trazuar. Ulni nxehtësinë në minimum dhe ziejini për 5 minuta.

e) Hidhni pak nga përzierja e mishit dhe fasuleve në qendër të secilës tortilla.

f) Palosni në skajet dhe rrotullojeni. Vendoseni anën e qepjes poshtë në një pjatë dhe sipër me më shumë përzierje të mishit të nxehtë.

g) Hidhni sipër djathin, Guacamole Supreme dhe salcë kosi.

GUACAMOLE SUPREME:

h) Pure avokadot me një pirun. Përziejini me kripë të kalitur, hudhër, cilantro të freskët nëse përdoret, dhe 2 lugë gjelle lëng limoni të freskët.

28. Cilantro burrito

Bën: 30 porcione

PËRBËRËSIT:
- ½ kile Fasule e zezë e thatë
- ½ kile fasule të thata pinto
- ½ kile Fasule të thata
- 30 predha tortilla
- 10 qepë; i grirë
- ¾ paund Kërpudha; i grirë
- 2 speca kubanelle; i grirë
- ½ pako kuskusi me grurë të plotë; i gatuar
- Salcë e nxehtë me bazë Habanero
- Lëng limoni
- Pastë me spec të kuq ose tabasko
- Cilantro
- 1 lugë gjelle salcë habanero
- 2 lugë pastë piper të kuq
- 1 lugë qimnon
- 1 lugë gjelle lëng limoni
- 1 lugë gjelle Gjalpë

a) Thithni fasulet brenda natës, ziejini derisa të zbuten.
b) Shtoni salcën habanero, pastën e piperit të kuq, qimnonin dhe lëngun e limonit.
c) Në një tigan të madh teflon shtoni: shtoni 1 lugë gjalpë/
d) Ngroheni dhe më pas gatuani kërpudhat dhe kubanelat në të.
e) Merrni enë të veçanta përzierjeje për kërpudhat/specin; qepë; cilantro, kuskus dhe një tjetër për ujë, dhe një për përzierje fasule.

f) Merrni një tortilla, goditeni me bërthamë për 35 sekonda në lartësi. E nxirrni, vendosni bllokun e kasapit të drurit, lyeni me ujë, rrokullisni, lyeni me ujë. Unë përdor një pëllëmbë ujë në secilën anë.

g) Tani, vendosni 2-3 lugë çaji të grumbulluar me fasule në një vijë ⅓ nga njëra skaj.

h) Shtoni 1 lugë cilantro, qepë, kërpudha dhe 1 lugë gjelle. kuskusi. Rrotulloni një herë, palosni skajet, përfundoni rrotullimin.

29. Burrito mesdhetare

Bën: 2

PËRBËRËSIT:
- 2 tortilla gruri
- 2 ons fasule të kuqe, të konservuara, të kulluara
- 2 lugë humus
- 2 lugë çaji salcë tahini
- 1 kastravec
- 2 gjethe marule
- 1 lugë gjelle lëng limoni
- 1 lugë çaji vaj ulliri
- ½ lugë çaji rigon të tharë

UDHËZIME:
a) Grini fasulet e kuqe derisa të përftoni një pure.
b) Më pas lyeni tortillat e grurit me pure fasule nga njëra anë.
c) Shtoni humus dhe salcë tahini.
d) Pritini kastravecin në copa dhe vendosini mbi salcë tahini.
e) Më pas shtoni gjethet e marules.
f) Përgatitni salcën: përzieni së bashku vajin e ullirit, rigonin e tharë dhe lëngun e limonit.
g) Spërkatni gjethet e marules me salcë dhe mbështillni tortillat e grurit në formën e burritos.

30. Burrito me fasule të zeza në mikrovalë

Bën: 2 racione

PËRBËRËSIT:
- 2 lugë çaji vaj vegjetal
- 1 qepë e vogël, e prerë hollë
- 1 piper i vogël Jalapeno, me fara, i prerë imët
- 1 thelpi hudhër, i grirë
- ¼ lugë çaji qimnon i bluar
- ¼ lugë çaji rigon të tharë
- ¼ lugë çaji pluhur djegës
- 1 majë fara koriandër të bluara
- 16 ons Fasule të zeza, të shpëlarë, të kulluara
- 3 lugë ujë
- Kripë
- Piper i freskët i bluar për shije
- ½ Avokado, pa kore, të qëruara, të prera në kubikë
- 1 domate kumbulle, e prerë në kubikë
- 1 qepë e grirë
- 1 lugë gjelle koriandër të freskët të grirë (cilantro)
- 2 lugë çaji lëng limoni të freskët
- 1 majë lëvore gëlqereje të grirë
- 4 tortilla me miell, të ngrohura
- Garniturat: marule rome e grirë, qepë e kuqe e prerë në feta, djathë Monterey Jack i grirë dhe salcë kosi.

a) Përzieni vajin, qepën, jalapeno-n dhe hudhrën së bashku në një pjatë byreku prej qelqi 9 inç.

b) Mbulojeni me mbështjellës plastik, duke e lënë një cep të hapur për ajrosje.

c) Vendoseni në mikrovalë me fuqi të lartë për 1 minutë. Përzieni qimnon, rigon, pluhur djegës dhe koriandër të bluar; mikrovalë, e mbuluar dhe e ajrosur, 1 minutë.

d) Përzieni fasulet dhe ujin; mikrovalë, e mbuluar dhe e ajrosur, 2 minuta.

e) Transferoni $\frac{1}{2}$ filxhan përzierjen e fasules në blender ose përpunues ushqimi dhe bëjeni pure. Përziejini përsëri në fasulet e mbetura.

f) I rregullojmë sipas shijes me kripë dhe piper.

g) Kombinoni avokadon, domaten, qepën, koriandër të freskët, lëngun e lime dhe lëkurën në një tas të vogël. Sezoni salsën sipas shijes me kripë dhe piper.

h) Kur janë gati për t'u shërbyer, fasulet në mikrovalë, të mbuluara dhe të ajrosura, derisa të nxehen shumë, 1-3 minuta.

i) Shërbejini fasulet me tortilla, salsa dhe garnitura.

31. Burritos me fasule të zeza dhe misër

Bën 4 burrito

PËRBËRËSIT:
- 1 luge vaj ulliri
- 1/2 filxhan qepë të grirë
- 1 1/2 filxhan të gatuar ose 1 (15,5 ons) kanaçe fasule të zeza, të kulluara dhe të shpëlarë
- 1/2 filxhan salsa domate
- 4 tortilla (10 inç) me miell, të ngrohura

UDHËZIME:
a) Në një tenxhere ngrohim vajin në zjarr mesatar. Shtoni qepën, mbulojeni dhe gatuajeni derisa të zbutet, rreth 5 minuta. Shtoni fasulet dhe grijini derisa të copëtohen.

b) Shtoni misrin dhe salsën, duke i trazuar që të kombinohen. Ziejini, duke e trazuar, derisa përzierja e fasules të jetë e nxehtë për rreth 5 minuta.

c) Për të mbledhur burritot, vendosni 1 tortilla në një sipërfaqe pune dhe lugë rreth 1/2 filxhan të mbushjes.

d) përzierje në qendër. Rrotulloni fort, duke u futur në anët. Përsëriteni me përbërësit e mbetur. Shërbejeni nga ana e tegelit poshtë.

32. Fasule e kuqe Burritos

Bën 4 burrito

PËRBËRËSIT:
- 1 luge vaj ulliri
- 1 qepë mesatare, e grirë
- 1 spec të kuq mesatar, të grirë
- 1 1/2 filxhan të gatuar ose 1 (15,5 ons) kanaçe fasule të kuqe të errët, të kulluara dhe të shpëlarë
- 1 filxhan salsa domate
- 4 tortilla (10 inç) me miell, të ngrohura
- 1 filxhan oriz të zier të nxehtë
- 1 avokado Hass të pjekur, të papastër, të qëruar dhe të prerë në feta 1/4 inç

UDHËZIME:
a) Në një tenxhere të mesme ngrohni vajin mbi nxehtësinë mesatare. Shtoni qepën dhe piperin, mbulojeni dhe ziejini derisa të zbuten, rreth 5 minuta. Shtoni fasulet dhe salsën dhe gatuajeni, duke i trazuar që të kombinohen. Ziejini, duke i grirë fasulet ndërsa i trazoni, derisa të nxehen.

b) Për të mbledhur burritot, vendosni 1 tortilla në një sipërfaqe pune dhe lugë rreth 1/2 filxhan të fasules

c) përzierje në qendër. Hidhni sipër orizin, të ndjekur nga feta avokado dhe salsa shtesë, nëse dëshironi. Rrotulloni fort, duke u futur në anët. Përsëriteni me përbërësit e mbetur. Shërbejeni me anë të tegelit poshtë.

33. Kafshon Burrito

PËRBËRËSIT:
- 1 kanaçe Domate të prera në kubikë
- 1 filxhan Oriz i menjëhershëm
- ⅓ filxhan Uji
- 1 piper jeshil i prere ne kubik
- 2 Qepë të njoma, të prera në feta
- 2 gota Djathë çedër i grirë, i ndarë
- 1 kanaçe Fasule të skuqura në stilin e fermës (16 oz)
- 10 tortilla me miell (6-7")
- 1 filxhan Salsa

UDHËZIME:
a) Ngrohni furrën në 350'F. Spërkatni një enë pjekjeje 9x12" me PAM; lëreni mënjanë.

b) Në një tenxhere të mesme, kombinoni orizin dhe ujin; ngrohni në një valë.

c) Ulni nxehtësinë, mbulojeni dhe ziejini për 1 minutë. Hiqeni nga zjarri dhe lëreni të qëndrojë për 5 minuta ose derisa të përthithet i gjithë lëngu. Përziejini me piper, qepët dhe 1 filxhan djathë.

d) Përhapeni rreth 3 lugë fasule mbi secilën tortilla deri në $\frac{1}{8}$" nga buza. Shtroni përzierjen e orizit mbi fasule; rrotullojeni. Vendoseni nga ana e tepjes poshtë në enë për pjekje të përgatitur; mbulojeni me folie.

e) Piqeni në furrë të parangrohur për 25 minuta ose derisa të nxehet. Pritini tortillat në 4 pjesë dhe vendosini në një pjatë. Hidhni sipër salsa dhe djathë. Sipër i hidhet salsa dhe djathi. Kthejeni në furrë dhe piqni për 5 minuta ose derisa djathi të shkrijë.

34. Burritos spanjolle

Bën 6

PËRBËRËSIT:
- Misër - 1 kanaçe
- Fasule të zeza - 1 kanaçe
- kripë deti - 5 lugë çaji
- Paprika - 1 lugë çaji
- Qimnon - 1 lugë çaji
- Paprika, e tymosur - 0,5 lugë çaji
- Qepë të njoma, të prera në feta - 2
- Lëng gëlqereje - 2 lugë çaji
- Cilantro, i copëtuar - 0,5 filxhan
- piper i errët, i bluar - .25 lugë çaji
- Tortila me miell, të mëdha - 6
- Guacamole - 1 filxhan
- Marule, e grirë - 3 gota
- Oriz kaf, i gatuar - 3 gota
- Salsa - 1 filxhan
- Copa djathi vegan - 0,5 filxhan

UDHËZIME:
a) Kullojini misrin dhe fasulet e zeza dhe më pas shpëlajini tërësisht fasulet e zeza.
b) Shtoni të dy kanaçet e ushqimit në një tas dhe përzieni qepën e gjelbër, cilantron, lëngun e limonit, kripën e detit dhe erëzat.
c) Shtroni tortillat dhe shtoni orizin në qendër të secilës tortilla. Pas orizit, shtoni përzierjen me fasule dhe misër, marule, salsa, copa djathi vegan dhe guacamole.
d) Palosni skajet e tortilave në mënyrë që të mos bjerë ushqimi dhe më pas rrotulloni anët lart.

e) Shërbejini burritot menjëherë ose mbështillini me mbulesë plastike dhe ngrini.

35. Burritos me patate dhe vezë të ëmbël

PËRBËRËSIT:
PËR PATATET
- 1 filxhan (235 ml) ujë ose lëng perimesh
- 1/2 paund (227 g) patate të ëmbla, të qëruara dhe të prera në kubikë të vegjël
- Kosher ose kripë deti e imët dhe piper i zi i sapo bluar
- Për mbushjen
- 2 lugë (30 ml) vaj ulliri ose vegjetal, të ndara
- 1/2 qepë, e grirë hollë
- 1/2 spec të kuq zile, me fara dhe të grirë hollë
- 1 lugë çaji pluhur çipotle
- 1 filxhan (240 g) fasule të zeza të konservuara pa gluten, të shpëlarë dhe të kulluar
- 6 vezë të mëdha

PËR KUVENDIM
- 4 tortilla të mëdha pa gluten
- 1/2 filxhan (120 g) salsa pa gluten, të tilla si domatillo, salsa verde, salsa roja ose pico de gallo
- 1 filxhan (120 g) Monterey Jack i grirë, Jack me piper ose djathë Colby
- Lëng gëlqereje të freskët të shtrydhur Gjethet e freskëta të cilantros, të copëtuara

PATATE
a) Hidheni ujin në pjesën e poshtme të tenxheres së brendshme të tenxhere elektrike me presion.

b) Vendosni një kosh me avullore në tenxhere dhe grumbulloni patatet në shportë. Mbyllni dhe mbyllni kapakun, duke u siguruar që doreza e lëshimit të avullit të jetë në pozicionin e mbylljes. Gatuani në presion të lartë për 2 minuta.

c) Lëshoni natyrshëm presionin për 2 minuta, më pas lironi shpejt presionin e mbetur duke e kthyer dorezën e lëshimit të avullit në ajrim. Shtypni Cancel. Zhbllokoni kapakun dhe hapeni me kujdes.

d) Ngrini patatet nga tenxherja, i rregulloni me kripë dhe piper, i lëmë mënjanë dhe i mbajmë të ngrohta. Patatet mund të gatuhen një ditë përpara dhe të ngrohen përsëri përpara se të gatuani vezët dhe të grumbulloni burritot.

MBUSHJE

e) Ndërsa patatet janë duke u gatuar, në një tigan 10 inç (25 cm), ngrohni 1 lugë gjelle (15 ml) vaj dhe ziejini qepën dhe piperin për 5 minuta që të zbuten pak.

f) Shtoni pluhurin e çipës dhe fasulet në tigan, duke u ngrohur. Përdorni një lugë të prerë për t'i transferuar perimet në një tas dhe i mbuloni për t'i mbajtur të ngrohta.

g) Shtoni 1 lugë gjelle të mbetur (15 ml) vaj në tigan. Rrihni vezët në një tas derisa të përzihen, më pas hidhini në tigan dhe ziejini duke i përzier vazhdimisht derisa të fërgohen.

h) E heqim tiganin nga zjarri. Duke përdorur një shpatull, copëtoni vezët në copa të vogla. Përzieni fasulet dhe perimet në vezë dhe mbajini të ngrohta.

KUVENDI

i) Ngroheni lehtë tortillat dhe vendosni një të katërtën e patateve dhe një të katërtën e vezëve mbi secilën. Hidhni sipër 2 lugë gjelle (30 g) salsa dhe rreth 1/4 filxhan (30 g) djathë të grirë.

j) Spërkateni me pak lëng gëlqereje dhe pak cilantro, mbështilleni me kujdes dhe shërbejeni sa të ngrohtë.

Nëse janë delikate dhe priren të grisen, hani ato me një pirun.

36. Burrito me fasule dhe misër

Bën: 4 porcione

PËRBËRËSIT:
- 1 Spërkatje për gatimin e perimeve
- ½ filxhan qepë -- e copëtuar
- ¼ filxhan Piper jeshil -- i prerë në kubikë
- 1 lugë çaji Piper turshi jalapeno, i grirë
- 1 lugë çaji qimnon i bluar
- ⅛ lugë çaji Piper i bardhë i bluar
- 16 ons Mund të ndezin fasulet e kuqe, të kulluara dhe të grira
- ½ filxhan misër i ngrirë me kokërr të plotë --
- 1 Shkrirë dhe kulluar
- 4 tortilla me miell 8 inç
- ¾ filxhan yndyrë të reduktuar të copëtuar dhe të mprehtë
- 1 djathë çedër
- 1 filxhan salsa mesatare komerciale
- ¼ filxhan salcë kosi pa yndyrë
- 1 feta piper Jalapeno
- 1 degë të freskëta cilantro

a) Lyejeni një tigan të vogël që nuk ngjit me llak gatimi; vendoseni në zjarr mesatar derisa të nxehet. Shtoni qepë, piper jeshil, piper jalapeno dhe hudhër; kaurdisini derisa të zbuten. Përzieni qimnonin dhe piperin e bardhë.
b) Gatuani 1 minutë, duke e përzier vazhdimisht. Hiqeni nga nxehtësia; përzieni fasulet e grira dhe misrin. Përhapeni ½ filxhan përzierje fasule në mënyrë të barabartë mbi sipërfaqen e secilës tortilla.
c) Spërkatni 3 lugë djathë në qendër të secilës tortilla.

d) Rrotulloni tortillat dhe vendosni anën e tepjes poshtë në një fletë pjekjeje mesatare.

e) Piqni në 425~ për 7 deri në 8 minuta ose derisa të nxehet plotësisht.

f) Për çdo shërbim, sipër çdo burrito me ¼ filxhan salsa dhe 1 lugë gjelle salcë kosi. Nëse dëshironi, zbukurojeni me feta piper jalapeno dhe degëza të freskëta cilantro.

37. Burrito me fasule fiesta

Bën: 1 porcione

PËRBËRËSIT:
- ½ filxhan fasule vegjetariane
- 1 lugë salsa
- 1 lugë çaji cilantro e copëtuar, sipas dëshirës
- 1 tortilla me grurë të plotë

a) Përhapeni fasulet mbi tortilla.
b) Spërkateni mbi përbërësit e mbetur.
c) Ngroheni në mikrovalë derisa të ngrohet, rreth 40 sekonda.
d) Rrotulloni tortilla dhe përzieni në një burrito.

38. Burrito të nxehta phyllo

Bën: 12 racione

PËRBËRËSIT:
- 8 qepë të njoma
- 1 16 oz kanaçe fasule; shpëlahet & kullohet
- 1 1,25 oz pkg përzierje erëzash tako
- 1 piper Jalapeno
- 2 lugë çaji Salsa
- 16 fletë brumë filo të ngrirë; shkrirë
- Spërkatje për gatimin e perimeve
- 1½ filxhan salsa

a) Pritini majat e gjelbra nga qepët. Ziejini majat në ujë të vluar për të mbuluar 1 minutë; kulloj. zhyteni në ujë me akull për të ndaluar procesin e gatimit; kulloj.
b) Pritini çdo pjesë për së gjati në 3 ose 4 shirita dhe lëreni mënjanë.
c) Pritini mjaft pjesë të bardha për të matur ½ filxhan.
d) Përpunoni pjesën e bardhë të copëtuar, fasulet dhe 3 **PËRBËRËSIT E ARDHSHËM**: në një përpunues ushqimi derisa të jenë të lëmuara, duke ndaluar për të kruar anët; lënë mënjanë.
e) Vendosni 1 fletë fije në një dërrasë të madhe prerëse dhe lyejeni me llak gatimi perimesh. Mbajini fletët e mbetura të filo të mbuluara me një peshqir pak të lagur. Vendosni 3 fletë të tjera phyllo mbi fletën e parë; duke e lyer secilën me llak gatimi perimesh.
f) Pritini pirgun përgjysmë për së gjati dhe çdo gjysmë priteni në tërthorazi në të tretat. Lugë 1 lugë gjelle përzierje fasule afër 1 skaji të gjatë të secilës pirg; rrotullojeni duke filluar nga i njëjti skaj.

g) Thërrmoni rrotullat 1½ inç nga secili skaj dhe lidhini me rripa qepë të gjelbër. Vendoseni në tepsi të lyer me pak yndyrë. Përsëriteni procedurën 3 herë me grumbujt e mbetur të filos dhe përzierjen e fasules.

h) Piqni në 400 _ F për 10 deri në 15 minuta ose derisa të marrin ngjyrë të artë; Ftoheni në raftet me tela.

i) Shërbejeni me salsa shtesë.

39. Burrito meksikane të çuditshme

Bën: 4 porcione

PËRBËRËSIT:
- 16 ons fasule të skuqura pa yndyrë; të konservuara
- ⅓ filxhan salsa; ose ujë
- 4 tortilla me miell 9 inç
- 1 domate mesatare e grirë
- 4 qepë të vogla jeshile; i copëtuar
- ½ piper zile jeshile; i copëtuar
- 1 filxhan djathë mocarela me pak yndyrë; i copëtuar
- Marule e grirë
- salsa; ose salcë taco
- Kosi me pak yndyrë; opsionale

a) Kombinoni fasulet dhe salsën ose ujin. Përziejini mirë. Përhapeni rreth ⅓ filxhan me përzierjen e fasules hollë mbi çdo tortilla, duke lënë një kufi prej 1 inç.

b) Spërkatni domaten, qepët e njoma, piperin jeshil dhe gjysmën e djathit mbi tortillat. Furrë në 400F.

c) Rrokullisni secilën tortilla dhe vendoseni, me anën e qepjes poshtë, në një enë pjekjeje të lyer me pak yndyrë.

d) Piqeni në furrë 400F për 10 minuta. Spërkateni me djathin e mbetur; piqni për 5 minuta më gjatë ose derisa të nxehet dhe djathi të shkrihet. Ose mbulojeni me letër të depiluar dhe futeni në mikrovalë me fuqi mesatare të lartë (70 përqind) për 2 deri në 4 minuta ose derisa të nxehet.

e) Shërbejini burritos mbi marule të grira. Kaloni veçmas salcën ose salcën taco dhe kosin (ose kosin).

40. Tavë burrito matzo

Bën: 4 porcione

PËRBËRËSIT:
- Salsa
- Fasule të skuqura pa yndyrë
- Matzos
- Specat e kuq dhe jeshil
- Kiles jeshile

a) Ngrohni furrën në 350. Në një tavë katrore shtroni pak salsa në fund të tavës që të mos ngjitet matzo.
b) Përhapeni fasule të skuqura me FF mbi matzos të mjaftueshëm për të mbuluar (një shtresë) pjesën e poshtme të enës.
c) Vendosni një shtresë me speca të kuq dhe jeshil dhe më pas një shtresë matzo me fasule të skuqura.
d) Mbi të, vendosni një shtresë me djegës të gjelbër, një tjetër matzo dhe pak salsa dhe tofu sipër.
e) Piqeni në furrë për rreth 15 minuta.
f) Matzot zbuten si tortillat dhe kjo kursen shumë mirë.

41. Burritos me kërpudha të egra

Bën: 6 racione

PËRBËRËSIT:
- 1 lugë gjelle vaj Canola
- 4 ons kërpudha të freskëta shiitake; feta
- 4 ons kërpudha perle; feta
- 4 ons kërpudha butona; feta
- 1 spec i kuq zile; fara dhe prerë në kubikë
- 2 thelpinj hudhër; i grirë
- 1 kanaçe (15 oz) fasule të zeza; kulluar
- 1 kanaçe (14 oz) kokrra misri; kulluar
- 4 qepë të plota; të prera dhe të copëtuara
- 1 lugë çaji qimnon i bluar
- 1 spec djegës; copëtuar OSE
- ½ lugë çaji pluhur djegës
- 1 lugë çaji rigon meksikan
- 6 tortilla me miell 10 inç
- ¾ filxhan djathë Monterey Jack; i copëtuar
- 1 filxhan salsa domate; ose e preferuara juaj

a) Në një tenxhere të mesme ose një tigan të madh që nuk ngjit, ngrohni vajin mbi nxehtësinë mesatare. Shtoni kërpudhat, specat dhe hudhrën dhe gatuajeni, duke e trazuar, derisa të zbuten, rreth 7 minuta.

b) Përzieni fasulet, misrin, qepën, qimnonin, piperin djegës ose pluhurin djegës dhe rigonin meksikan dhe gatuajeni, duke e trazuar, për 4 deri në 6 minuta.

c) Ndërkohë ngrohni tortillat e miellit në një zjarr ose tigan të nxehtë dhe vendosini në pjata të mëdha servirjeje. Hidhni me lugë përzierjen e kërpudhave në qendër të secilës tortilla. Mbi çdo mbushje me rreth 2 lugë gjelle djathë; rrotulloni tortillat rreth mbushjeve duke krijuar burrito.

d) Hidhni me lugë salsën tuaj të preferuar mbi çdo burrito.

e) Shërbejeni me oriz anash.

BURRITO MISH DHE DERRI

42. Burrito me tenxhere

Bën: 4 porcione

PËRBËRËSIT:
1 (10 oz.) kanaçe speca Ortega të copëtuara
Mishi nga kockat
1 filxhan qepë të grirë
2 (4 oz.) kanaçe salcë domatesh
2 paund Chuck rosto

Natën para fillimit të gatimit 2 lbs. çak rosto në tenxhere me enë (gatuaj gjithë natën). Në mëngjes, hiqni kockat. Shtoni në tenxhere sa më sipër.

Gatuani në nxehtësi të ulët pjesën tjetër të ditës. Shtoni përzierjen në tortillat me miell.

Shtoni gjithashtu fasule të skuqura, salcë kosi, djathë të grirë me mish. E mbështjellim me folie dhe e pjekim në 350 gradë për 10 minuta.

43. Burritos me viç dhe djathë

Bën: 2 porcione

PËRBËRËSIT:

4 ons mish viçi i bluar, i ligët
4 Qepë të njoma, të prera në feta
1 thelpi hudhër, e grirë
½ filxhan salsa
½ filxhan gjizë me pak yndyrë
1 lugë çaji niseshte misri
¼ lugë çaji rigon të tharë. i grimcuar
2 tortilla me miell, 6 inç
¼ filxhan djathë Mocarela, i grirë

Gatuani mishin e grirë, qepët dhe hudhrën në një tenxhere të vogël derisa viçi të mos jetë më rozë dhe qepa të jetë e butë. Kulloni yndyrën. Kombinoni 2 T salsa, gjizë, niseshte misri dhe rigon. Shtoni në përzierjen e mishit në tenxhere. Gatuani dhe përzieni derisa të trashet dhe të marrë flluska. Gatuani dhe përzieni edhe për 2 minuta. Ndani përzierjen e mishit midis tortilave; rrotullohem. Mbulojeni dhe mbajeni të ngrohtë. Në të njëjtën tenxhere, ngrohni salsa e mbetur. Hidhni sipër burritos. Sipër i hidhet djathi.

44. Burritos me mish viçi dhe portokalli

Bën: 8 porcione

PËRBËRËSIT:
1 lugë çaji vaj ulliri
1 qepë e madhe, e grirë
1 piper i madh jeshil, i grire
3 thelpinj hudhre, te shtypura
1 lugë gjelle lëkurë portokalli, e grirë
2 lugë çaji qimnon të bluar
1 lugë çaji pluhur djegës
¼ filxhan lëng portokalli
1 mish viçi i madh i grirë pa yndyrë, i gatuar dhe i kulluar

Në një tigan të madh, kaurdisni qepën, piperin, karafilin, lëkurën e portokallit, qimnonin dhe specin djegës pluhur në vaj (dhe Pam nëse është e nevojshme) derisa pothuajse të zbuten. Shtoni lëngun e portokallit dhe përzieni derisa lëngu të avullojë.

Shtoni mishin e grirë të gatuar dhe të kulluar dhe përzieni mjaftueshëm derisa shijet të jenë përzier së bashku.

Shërbejeni me tortilla me miell të ngrohur dhe shoqëruesit e mëposhtëm sipas zgjedhjes suaj: domate të copëtuara, marule të grira, djathë çedër të grirë, salcë kosi, qepë të copëtuara, salsa, fasule të skuqura, salcë tabasko, jalapenos në feta.

45. Burritos e lakrës

PËRBËRËSIT:
- 1 lakër jeshile ose kineze (12 gjethe)
- 300 g mish viçi të bluar
- 1 thelpi hudhër
- 400 ml domate të prera në kubikë
- 1 lugë gjelle pure domate
- 1 lugë gjelle barishte taco
- 1 kanaçe e vogël misri
- 2 duar djathë të grirë
- 100 gr fasule

UDHËZIME:
a) Prisni qepën dhe më pas hudhrën dhe skuqni në një tigan.
b) Shtoni mishin e grirë dhe më pas barishtet taco. Piqni këtë lirshëm.
c) Hidhni purenë e domates dhe kubikët dhe më pas misrin dhe fasulet e kulluara. Lëreni këtë mbushje burrito të ziejë për disa minuta.
d) Ndërkohë zieni ujin.
e) Ngroheni furrën në 180 gradë. Pritini gjethet e lakrës dhe ziejini (për 2 ose 3) për një minutë ose 2 në tigan dhe më pas i kulloni mirë.
f) Vendosni 2 gjethe lakre pranë njëra-tjetrës në mënyrë që të mbivendosen pak.
g) Hidhni me lugë pak nga mbushja me burrito nga njëra anë, spërkateni me pak djathë dhe më pas rrotullojeni me kujdes. Mos e shtyni shumë.
h) Përsëriteni këtë me pjesën tjetër të gjetheve të lakrës dhe mbushjes. Nëse janë të gjitha në enën e pjekjes, spërkatini me pak djathë shtesë.

i) Më pas vendoseni enën e pjekjes brenda në furrë për rreth 15 minuta.

j) Shërbejini karbohidratet me pak oriz.

46. Burrito me biftek krahu me avokado

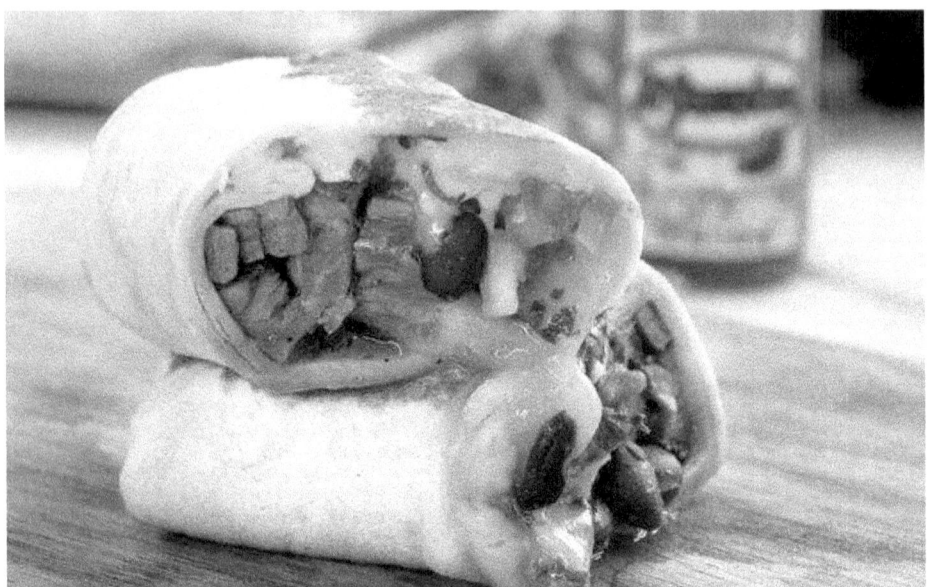

Bën: 8 racione

PËRBËRËSIT:
4 ½ paund biftek krahu
3 gjethe dafine
1 qepë e bardhë mesatare, e prerë hollë
1 lugë çaji kokrra piper
2 litra lëng pule
3 ons vaj ulliri
3 qepë të kuqe mesatare
1 11 oz. kanaçe djegës jalapeno, me fara, të grirë
5 thelpinj hudhra, të grira imët
12 ons Domate, të prera në kubikë
2 lugë fara Comino, të grimcuara
Kripë për shije
Piper i bardhë për shije
4 ons ullinj të zinj ose jeshil, të prerë në kubikë
16 tortilla me miell
4 Avokado, të qëruara, të prera dhe të prera
1½ lugë lëng limoni
1½ lugë gjelle Uthull orizi
1 lugë gjelle cilantro e freskët, e copëtuar
1 qepë e kuqe mesatare, e grirë hollë
½ tufë qepë të njoma, të grira
Kripë për shije
Piper i bardhë për shije
Dip me avokado:

Vendoseni biftekin në një tenxhere të madhe prej 4 litrash me gjethe dafine, qepë të bardhë, kokrra piper dhe lëng mishi. Lëreni të ziejë shpejt dhe zvogëloni në një zierje të lehtë.

Gatuani biftekun deri sa të zbutet. Shtoni supë shtesë nëse është e nevojshme. Hiqeni nga zjarri dhe ftoheni.

Pritini biftekun në feta të vogla julienne. Hidhni supën.

Në një tigan të madh që nuk ngjit, ngrohni vajin, shtoni qepën e kuqe të prerë në kubikë, jalapeno dhe hudhrën. Skuqeni derisa të jetë e tejdukshme.

Shtoni domatet, ziejini butësisht në zjarr të ulët për 10 minuta. Shtoni cilantro dhe farën e qimnonit. Përziejini mirë dhe shtoni biftek të ngopur të grirë. Shtoni kripë dhe piper të bardhë për shije. Shtoni ullinj. Ngroheni mirë dhe hiqeni nga nxehtësia.

Mbushni sasi të barabarta mbushje bifteku në tortillat me miell. Palosni në formë cilindri dhe shërbejeni me Avokado Dip.

Dip avokado: Kombinoni të gjithë përbërësit tërësisht, aromatizoni dhe mbajeni përzierjen të trashë. Shërbejeni me burrito.

47. Burrito jeshile chili me mish viçi të grirë

Bën: 1 porcione

PËRBËRËSIT:
4 tortilla me miell
2 gota fasule pinto; të gatuara dhe pak të pure
1 filxhan viçi i grirë
2 gota salcë kili jeshil
1 filxhan djathë Monterey jack; të grira
2½ paund chuck rosto ose top
Kripë sipas nevojës
Trumzë sipas nevojës
Pluhur djegës i kuq sipas nevojës
½ qepë; i copëtuar
1 thelpi hudhër; i copëtuar
1 lugë çaji Kripë
BURRITO E GJELBËR KILI

MISH I PRERUR

Në gjysmën e secilës tortilla vendosni ½ filxhan fasule pinto. Sipër fasuleve vendosni ¼ filxhan me mish viçi të grirë.

Rrotulloni tortillat lart dhe vendosini secilën në një vend shërbimi individual me qepjet poshtë.

E mbulojmë secilën me salcën e çilit, e spërkasim me djathin.

Ngroheni furrën në 350. Piqini burritot derisa djathi të shkrihet dhe salca të marrë flluska.

Mishi i grirë i viçit: Me një peshqir të lagur fshijeni rosto-në. Spërkatni kripën, trumzën dhe pluhurin e kuq djegës në të dyja anët. Fërkojini mirë erëzat.

Në një tavë të madhe të rëndë vendosni pjekjen e pjekur, qepën dhe hudhrën. Mbushni deri në gjysmë me ujë dhe mbulojeni.

Ngroheni furrën në 250. Piqeni pjekjen për 6 orë. Ngriteni nxehtësinë në 325 për gjysmë ore të fundit. Shtoni më shumë ujë nëse është e nevojshme. E heqim pjekjen, e grijmë dhe e hedhim së bashku me kripën.

48. Burrito të tymosura me gjoks të gjelbër kilit

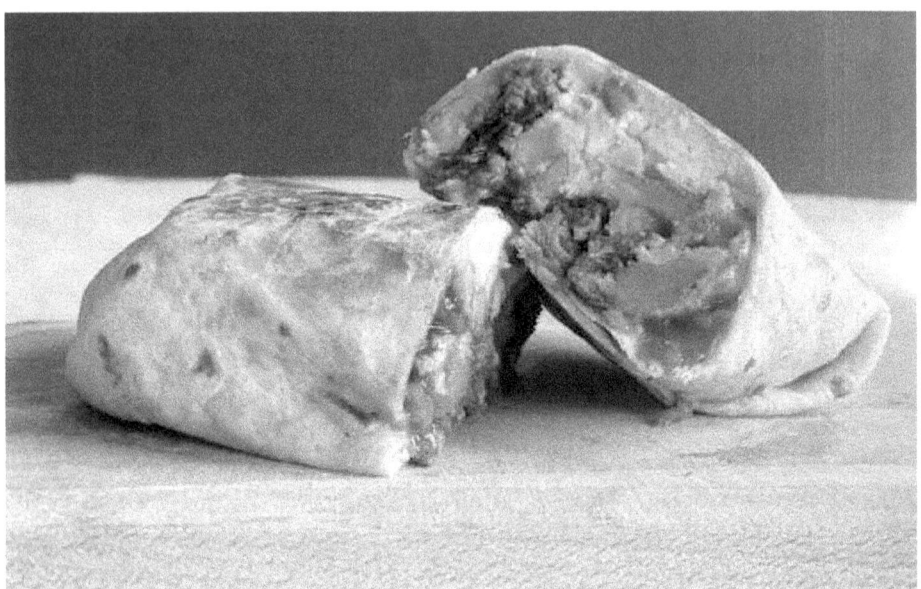

Bën: 16 racione

PËRBËRËSIT:
10 ons djegës jeshil; i prerë në kubikë
1 litër lëng mishi pule të skuqur në Kentaki
1 spec i madh zile; i copëtuar
1 qepë e madhe; i copëtuar
1 filxhan salsa e mirë
1½ paund Grykë viçi të tymosur; i copëtuar
1 lugë hudhër; pluhur
Kripë për shije
16 tortilla të mëdha me miell
1 kile djathë Monterey Jack; i copëtuar

Mendova se do ta përcillja këtë recetë meqë sapo e bëmë dhe mund të garantoj se sa e mirë është e dorës së parë (dhe me stomak plot). Ky është një modifikim i një recete që Cindi ka bërë prej vitesh. (Kemi shtuar speca zile dhe qepë dhe kemi përdorur gjoksin e tymosur). Kam përdorur disa thasë me gjoks të prerë nga ngrirja për ta pastruar pak në përgatitje për atë të radhës që do të bëj së shpejti.

Në një tigan të madh me salcë ose furrë holandeze, kaurdisni specin zile, qepën dhe specin djegës jeshil me hudhër pluhur në rreth 3 lugë vaj. Kur qepët dhe specat të zbuten, shtoni gjoksin, salsa dhe lëng mishi. Gatuani në zjarr të ulët për 30 minuta, duke e përzier herë pas here. Provoni shpesh.

Hidhni përzierjen e mishit dhe djathin mbi tortilla me miell dhe mbështilleni.

49. Kampi Burritos

1 paund fileto të bluar
1 filxhan djathë çedër i grirë
1 4 oz kanaçe salsa
10 tortilla me miell me madhësi burrito, ose më shumë nëse madhësia më e vogël
1 lugë çaji qimnon i bluar
1/4 lugë secila piper të zi dhe kripë
1 10 oz pkg spinaq të ngrirë

Në një tigan të madh skuqim fileton e bluar. Shtoni kuminin e bluar, kripën, piperin dhe salcën. Spinaqi duhet të shkrihet, thjesht kulloni çdo lëng prej tij sa më mirë që mundeni. E nxjerr nga paketimi i dyqanit dhe e vendos në një qese me zinxhir kur dalim nga shtëpia, pastaj thjesht e hap qesen dhe e shtrydh. Shtoni spinaqin dhe ngroheni. Ndërkohë ngrohni tortillat në një tigan ose tigan të sheshtë. Mbushni tortillat me përzierjen e mishit, sipër me djathë të grirë dhe rrotullojeni. Kënaquni!

50. Burrito e klubit

Bën: 1 sanduiç

PËRBËRËSIT:
1 fetë Deli-Style Turqi
1 fetë proshutë Deli-Style
1 fetë djathë zviceran
1 Tortilla me miell të butë
Marule e grirë
Lakrat

Shtroni tortillan, djathin, proshutën dhe gjelin e detit, me tortilla nga jashtë. Në mes vendosni pak marule dhe lakër. Shtoni çdo perime tjetër, nëse dëshironi. Rrotulloni dhe sigurojeni me një kruese dhëmbësh.

51. Burrito të pjekura në furrë me mish derri të grirë

Bën: 8 racione

PËRBËRËSIT:

1½ kilogram mish derri pa dhjamë; në copa 2 inç
3 gota ujë të nxehtë
3 lugë gjelle uthull të bardhë të distiluar
¼ filxhan speca djegës jeshil; i grirë imët
1 thelpi hudhër
½ lugë çaji rigon i tharë; i shkërmoqur
½ lugë çaji qimnon i bluar
Kripë
8 tortilla me miell; çdo 8 inç në diametër
¼ filxhan gjalpë pa kripë; margarinë e shkrirë OSE
2 gota djathë çedër; djathë i grirë ose Monterey jack
1 filxhan salcë kosi e trashë; (8 ons)
Kupat me salsa dhe guacamole

UDHËZIME:

Në një tigan të madh dhe të thatë mbi nxehtësinë mesatare-të lartë, skuqni mishin e derrit nga të gjitha anët, 8 deri në 10 minuta. Shtoni ujin e nxehtë, duke e trazuar pjesën e poshtme të tiganit për të liruar pjesët e skuqura dhe lëreni të vlojë. Ulni zjarrin në minimum, mbulojeni dhe ziejini derisa mishi të zbutet, rreth 1¼ orë.

Ngrohni një furrë në 450F. Zbuloni tiganin, ngrini nxehtësinë në të lartë dhe ziejini që të avullojë i gjithë uji. Ulni nxehtësinë në mesatare dhe shtoni uthullën, specin djegës, hudhrën, rigonin dhe qimnonin. I trazojmë mirë dhe e largojmë nga zjarri. Lëreni të ftohet plotësisht. Duke përdorur gishtat ose 2 pirunë, grijeni mishin.

Sezoni me kripë.

Lyejini të dyja anët e secilës tortilla me gjalpë të shkrirë ose margarinë. Vendosni një sasi të barabartë të përzierjes së derrit në qendër të çdo tortilla. Palosni anët, duke i mbivendosur, më pas palosni skajet për të pushuar sipër tegelit.

Vendoseni nga ana e qepjes poshtë në një fletë pjekjeje.

Piqni derisa të marrin ngjyrë të artë, 8 deri në 10 minuta. Shërbejeni menjëherë. Shoqërojini me djathë, krem, salsa dhe guacamole në tas të veçantë anash për t'u hedhur me lugë sipër.

52. Burrito me erëza

Bën: 6 racione

PËRBËRËSIT:
½ kile mish viçi të bluar
½ kile sallam pikant derri
1 domate mesatare; i copëtuar
¼ filxhan qepë jeshile të prera hollë
1½ lugë çaji pluhur djegës
½ lugë çaji pluhur hudhër
1 8 oz kanaçe fasule të skuqura
6 tortilla me miell; ngrohur
1½ filxhan djathë Monterey jack i grirë
Marule e grirë

Në një tigan të madh, viçi i grirë në kafe dhe sallam; kulloj. Shtoni domatet, qepët e njoma, djegësin pluhur dhe pluhurin e hudhrës; përzieni mirë. Lëreni të vlojë; zvogëloni nxehtësinë dhe ziejini, pa mbuluar, 10 minuta. Shtoni fasule të skuqura; ngrohni 5 minuta.

Përhapeni ½ filxhan përzierje mishi në çdo tortilla të ngrohtë. Hidhni sipër një spërkatje me djathë dhe marule. Palosni në anët dhe rrotulloni për të mbyllur mbushjen.

53. Burrito tajlandeze me mish derri

Bën: 4 porcione

PËRBËRËSIT:
1 kile mish derri të bluar pa dhjamë
2 lugë gjelle rrënjë xhenxhefili i freskët i grirë
1 thelpi hudhër, i shtypur
1 qepë e vogël, e prerë hollë
2 gota perzierje cole slaw me karota
1 lugë çaji vaj susami
3 lugë salcë soje
2 lugë gjelle lëng limoni
1 lugë gjelle mjaltë
2 lugë çaji koriandër të bluar
½ lugë çaji Piper i kuq i grimcuar
4 tortilla me miell të ngrohura
cilantro e freskët, e copëtuar

Nxehni tiganin e madh që nuk ngjit mbi nxehtësinë e lartë. Shtoni mishin e derrit, gatuajeni, thërrmoni dhe përzieni derisa mishi i derrit të mos jetë më rozë, rreth 3 deri në 4 minuta. Shtoni xhenxhefilin, hudhrën, qepën dhe sallatën e lakërit dhe përzieni me mish derri për 2 minuta, derisa perimet të jenë tharë. Kombinoni të gjithë përbërësit e mbetur përveç tortillave në një tas të vogël dhe shtoni në tigan. Përziejini vazhdimisht që të gjithë përbërësit të përzihen mirë, rreth një minutë. Hidhni me lugë pjesë të barabarta të përzierjes në tortilla të ngrohta me miell, rrotullojeni deri në mbushje dhe shërbejeni.

FRUTA BURRITO

54. Burritos me mollë me salcë gjalpë mushti

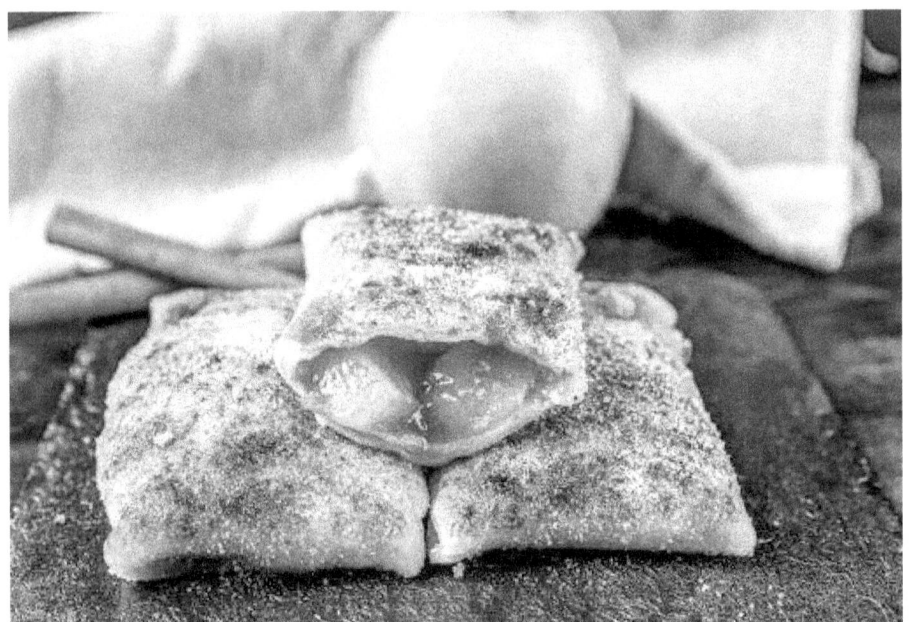

Bën: 12 porcione

PËRBËRËSIT:
12 mollë Granny Smith - ose ndonjë varietet torte
1 Limon
4 lugë Gjalpë
½ filxhan sheqer të bardhë të grimcuar
Arrëmyshk i freskët i bluar
1 presh
1 shkop kanelle; (copë 1/2 inç)
1 litër musht molle
1 kile gjalpë
1 presh
12 tortilla me miell; (8 inç)
2 lugë gjelle gjalpë
Krem pana; opsionale
MBUSHJE MOLLE

Salca e gjalpit të mushtit

PËRGATITJA: Për mbushjen, qëroni mollët dhe bërthamat dhe pritini në copa 1 inç. Shtrydhni lëngun nga limoni. Shkrini gjalpin në një tigan të madh dhe jo reaktiv. Shtoni mollët, lëngun e limonit, sheqerin dhe arrëmyshkun sipas shijes dhe ziejini në zjarr mesatar, duke i përzier herë pas here, derisa mollët të jenë të buta, por jo të buta, rreth 15 minuta.

Për salcën e gjalpit të mushtit, prisni të dy preshët për salcë dhe për garniturë në shirita të hollë julienne, duke rezervuar ½ për garniturë. Thyejeni shkopin e kanellës në copa. Hidhni mushtin, ½ e preshit dhe shkopin e kanellës në një tenxhere, lërini të ziejnë dhe zvogëloni me ⅔ , rreth 20 minuta. Hiqni shkopin e kanellës.

Receta mund të bëhet deri në këtë pikë një ditë përpara.

Ngroheni furrën në 3500F. Mbështillini tortillat në letër dhe ngrohini në furrën e nxehur më parë, rreth 10 minuta. Ngrohni përsëri mbushjen dhe salcën me mollë.

Shkrini 2 lugët gjalpë në një tigan dhe kaurdisni preshin e mbetur në zjarr mesatar, duke e trazuar derisa të zbutet, rreth 3 minuta. Në nxehtësinë më të ulët të mundshme, shtoni 1 kile gjalpë të ftohtë në salcë, rreth një lugë gjelle në të njëjtën kohë, duke shtuar një pjesë tjetër pasi secila është pothuajse e përfshirë.

Gjalpi nuk duhet të shkrihet plotësisht, por duhet të zbutet për të formuar një salcë kremoze.

Nëse salca nxehet shumë dhe gjalpi fillon të shkrihet, hiqeni nga zjarri dhe vazhdoni të shtoni gjalpë.

Vendosni një sasi të barabartë mbushje molle në secilën tortilla dhe rrotulloni atë. Vendosni një burrito në çdo pjatë. Hidhni sipër salcën e gjalpit të mushtit dhe spërkatni me presh të skuqur. Hidhni sipër një tufë krem pana nëse dëshironi.

55. Burrito me banane o

Bën: 1 porcione

PËRBËRËSIT:
1 6 inç tortilje miell
1 lugë gjelle gjalpë kikiriku kremoz
2 lugë çaji me mjedër
1 lugë çaji kokosi i grirë
½ banane mesatare

a) Vendosni tortilla në sipërfaqe të sheshtë; lyeni në mënyrë të barabartë me gjalpë kikiriku dhe mjedër.
b) Spërkateni me kokos, sipas dëshirës. 2. Vendosni banane në buzë të tortilla; rrokulliset për të mbyllur. Mbështilleni lirshëm në një peshqir letre.
c) Vendoseni në mikrovalë në të lartë për 35 sekonda.

56. Mëngjesi me fruta Burrito

Bën: 1

PËRBËRËSIT:
1 tortilla ose mbështjellje
3-4 lugë kos sipas dëshirës
1 lugë gjelle mjaltë ose agave, sipas dëshirës
Fruti i zgjedhur

Udhëzimet
Përgatitni frutat duke i qëruar dhe prerë relativisht hollë. Përhapeni kos në tortilla/mbështjellës, duke pasur kujdes që të mos zgjatet deri në skajet.
Rregulloni frutat në kos. Hidhni ëmbëlsues nëse përdorni. Rrokullisje. Pritini në gjysmë dhe shërbejeni/hani menjëherë.

PESHK BURRITO

57. Burrito mustak i pjekur në skarë

Bën: 1 porcione

PËRBËRËSIT:
Fileto mustak
Marinada e Allegro-s
Oriz; i gatuar
fasule të zeza; gatuar me qepë dhe hudhër
Tortillat me miell
Piper i kuq; prerë imët
Qepa e qepës; prerë imët
Djathë parmixhano ose romano; i sapo grirë

Marinoni fileto mustak dhe piqni në skarë derisa të mbaroni. Përzieni pak oriz dhe fasule së bashku dhe përhapeni si bazë në një tortilla. Shtroni burriton me mustak, më pas piper dhe qepë, e ndjekur nga një pluhur bujar i djathit. Mbështilleni tortillan, më pas vendoseni në një tigan të ngrohtë, të lyer me pak yndyrë mbi nxehtësinë e ulët dhe mbulojeni për 5 deri në 10 minuta.

58. Burritos e peshkut krokantë Tilapia

Bën: 2 racione

PËRBËRËSIT:
- 2 lugë majonezë
- ¼ filxhan salcë kosi (e ndarë)
- ½ gëlqere mesatare (të lëngshme)
- 2 lugë çaji salcë të nxehtë
- 1 thelpi hudhër (i shtypur)
- ¼ lugë çaji kripë

CHIMICHURRI SLAW
- 1½ filxhan lakër të grirë
- 1 avokado mesatare (e prerë në kubikë)
- 2 lugë qepë të kuqe
- 2 lugë gjelle cilantro të copëtuar
- ½ gëlqere (lëng)
- ¼ lugë çaji kripë
- 3 lugë gjelle chimichurri (recetë)

përbërës të tjerë
- 2 Fileto Tilapia Crunchy të pjekura
- 2 tortilla të mëdha me miell
- ½ filxhan djathë çedër i grirë

UDHËZIME
BËNI salcë CHIMICHURRI
a) Filloni duke përgatitur salcën Chimichurri. Ose bëni ½ recetë ose bëni recetën e plotë dhe përdorni salcën e mbetur të chimichurri mbi pulën e pjekur në skarë, bërxolla qengji ose bifteke.

PËRGATITNI KREMË ME GELERË PIKE
b) Lërini mënjanë dy lugë salcë kosi për t'u hedhur mbi tortillat. Përbërësit e mbetur të kremës përzieni : në një

tas të vogël derisa të kombinohen plotësisht. Transferoni në një shishe shtrydhëse dhe ruajeni në frigorifer derisa të nevojitet. Salca mund të hollohet me një sasi të vogël uji ose kremi, nëse është e nevojshme.

BËJ CHIMICHURRI SLAW

c) Pritini ose prisni lakrën dhe shtoni në një tas. Sipër shtoni avokado të prerë në kubikë, qepë të copëtuar dhe cilantro. Shtoni lëngun e gjysmës së gëlqeres, kripën dhe salcën Chimichurri. Përziejini butësisht për të përzier shijet.

GATUANI TILAPIA

d) Rreshtoni një fletë pjekjeje me fletë metalike dhe spërkateni me llak gatimi që nuk ngjit. Vendosni filetot e ngrira në tepsi dhe spërkatini pak me vaj. Piqeni sipas udhëzimeve të paketimit.

e) Përndryshe, mund të provoni të piqni në skarë, tiganisni ose skuqni peshkun në ajër. Nëse vendosni të skuqni peshkun, sigurohuni që ta kulloni në peshqir letre pasi ta keni skuqur.

MUNDONI BURRITOSET

f) Ngrohni dhe skuqni pak një tortilla me miell mbi flakë nga të dyja anët. Kjo jo vetëm që freskon tortillan, por e bën atë më të zhdërvjellët dhe përmirëson shijen.

g) Mbi çdo tortilla me një lugë gjelle salcë kosi, më pas ndani sallat chimichurri, filetot e peshkut, djathin e grirë, kremën dhe salcën midis dy burritos.

h) Palosni anët nga brenda mbi mbushje, më pas palosni pjesën e poshtme mbi mbushje ndërsa rrotulloni për të mbyllur plotësisht përbërësit.

i) Shijojeni me disa karota turshi pikante meksikane, salsa të pjekura dhe patate të skuqura.

CHIMICHANGAS

59. Chimichangas viçi

Bën: 6 racione

PËRBËRËSIT:
1 kile Mish i bluar, i skuqur dhe i kulluar
1 qepë mesatare, e grirë
½ filxhan salcë kili të kuq ose salcë enchilada
12 tortilla me miell
Vaj për tiganisje
2 gota djathë çedër
2 filxhanë marule të grira
2 gota qepë të njoma të grira

Në një tigan të madh, skuqni mishin dhe kullojeni. Shtoni qepën dhe salcën chili ose enchilada. Hidhni rreth 3 lugë gjelle me mish në qendër të çdo tortilla. Palosni tortilla, duke u ngjitur në skajet, dhe fiksojeni me kruese dhëmbësh prej druri. Mblidhni vetëm 2 ose 3 në të njëjtën kohë pasi tortilla do të thithë lëngun nga salca. Në një tigan të madh, me 1 centimetër vaj mbi nxehtësinë mesatare, skuqni një tortilla të palosur, duke e kthyer derisa të marrë ngjyrë të artë rreth 1 deri në 2 minuta. Kullojini në peshqir letre dhe mbajeni të ngrohtë, zbukurojeni me djathë, marule dhe qepë.

60. Fryer me ajër Chimichangas pule

Bën: 4

PËRBËRËSIT:
- 6 Tortila
- 1 lugë gjelle erëza tako
- 2 paund. Pulë, e gatuar dhe e grirë
- 2 gota djathë me përzierje meksikane e
- 8 ons krem djathi, i zbutur
- 1 luge vaj ulliri

UDHËZIME:
a) Bëjeni gati frutezën me ajër duke e ngrohur paraprakisht në 360 gradë.
b) Kombinoni pulën, kremin e djathit, djathin e grirë dhe erëzat, dhe më pas shpërndajeni në qendër të secilës tortilla.
c) Palosni chimichanga dhe spërkatni vaj ulliri në të gjitha anët.
d) Vendoseni në shportën e fryerjes me ajër dhe skuqeni në ajër për 8 minuta, duke e kthyer në gjysmë të rrugës.
e) Shërbejeni me guacamole ose salcë kosi.

61. Chimichangas pule të pjekur

Bën: 6 racione

PËRBËRËSIT:

2½ gota pule; i gatuar, i grirë
2 luge vaj ulliri
½ filxhan qepë; i copëtuar
2 hudhra; karafil, të grirë
½ lugë gjelle pluhur djegës
16 ons Salsa (zgjedhja e nxehtësisë)
½ lugë çaji qimnon; Kosi i bluar
½ lugë çaji kanellë
\ N majë kripë (nëse është e nevojshme)
6 tortilla me miell 10 inç, të këndshme fleksibël. Nëse është e ngurtë, ngroheni përpara se ta mbushni
1 filxhan fasule të skuqura
Vaj ulliri (për larje) Guacamole
GARNISH

Në një tenxhere të madhe kaurdisim qepën dhe hudhrën në vaj derisa të zbuten. Përziejini pluhur djegës, salsa, qimnon dhe kanellë. Përzieni pulën e grirë. Lëreni të ftohet.

Ngroheni furrën në 450. Lyejeni me yndyrë 15 x 10 x 1 tavë pjekjeje. Duke punuar me një tortilla në një kohë, hidhni një lugë të madhe fasule në qendër të secilës tortilla. Hidhni sipër një ½ filxhan të pakët të përzierjes së pulës. Palosni pjesën e poshtme, të sipërme dhe anash të tortiljes; sigurojeni me kruese dhëmbësh prej druri nëse është e nevojshme. Vendosni chimichangas në tepsi të lyer me yndyrë, me anën e qepjes poshtë. Lyejeni të gjitha anët me vaj.

Piqni 20 deri në 25 minuta ose derisa të marrin ngjyrë kafe të artë dhe të freskët, duke e kthyer çdo 5 minuta.

62. chimichangas gjeldeti

Bën: 8 racione

PËRBËRËSIT:
1½ paund gjeldeti i bluar
1 pako përzierje erëzash Taco (1-1/4oz)
½ filxhan Ujë
1 enë krem kosi pa yndyrë
8 tortilla me miell (8 inç)
1 filxhan salsa

gjeldeti kafe; kulloj. Përzieni përzierjen e erëzave dhe ujin. Lëreni të vlojë. Ulni nxehtësinë në minimum; ziej për 5 minuta, duke e përzier herë pas here.

Hiqeni nga nxehtësia; përzieni 1 filxhan me salcë kosi.

Vendosni ⅓ filxhan përzierje gjeldeti në qendër të secilës tortilla. Palosni në anët dhe rrotulloni për të mbyllur mbushjen.

Nxehni tiganin e madh që nuk ngjit në nxehtësi mesatare-të lartë. Spërkatni pa llak gatimi pa shkop. Kafe 4 chimichangas në të dyja anët. Përsëriteni me llak shtesë gatimi dhe chimichangas të mbetur. Shërbejeni me kosin e mbetur dhe salsa.

63. Chimichangas derri

Bën: 3 racione

PËRBËRËSIT:

2½ gota mish derri të grirë të grirë
⅔ filxhan salcë Picante
⅓ filxhan feta qepë jeshile
1 lugë çaji qimnon i bluar
½ lugë çaji Rigon i grimcuar
½ lugë çaji kripë
8 tortilla me miell, 7 deri në 8 inç
¼ filxhan margarinë, e shkrirë
1 filxhan djathë Cheddar, i grirë

Kombinoni mishin e derrit, salcën picante, qepën, qimnonin, rigonin dhe kripën në një tenxhere. Ziejini për 5 minuta ose derisa pjesa më e madhe e lëngut të ketë avulluar. Lyejmë njërën anë të tortilave me gjalpë. Hidhni rreth ⅓ filxhan përzierje derri në qendër të anëve të pa lyer. Hidhni sipër 2 lugë djathë. Palosni 2 anët mbi mbushje dhe palosni skajet poshtë.

Vendoseni anën e qepjes poshtë në një enë pjekjeje 9x13 inç. Piqni në 475 gradë për rreth 13 minuta ose derisa të jenë të freskëta. Spërkateni me guacamole dhe salcë shtesë picante për t'u shërbyer.

64. Kimichangas i ëmbël hominy me pure frutash

Bën: 6 racione

PËRBËRËSIT:

2 gota hominy të bardhë (rreth një kanaçe 29 ons); kulluar
4 lugë çaji sheqer ëmbëlsirash
2 lugë krem Heavy (duke rrahur).
1 litër luleshtrydhe të pjekura; i zhveshur (1 shportë)
2 mango të pjekura
4 lugë Gjalpë
2 lugë sheqer kafe të errët
6 tortilla me miell

1. Në një përpunues ushqimi, blender ose mulli ushqimi, bëni pure hominy.

Përzieni sheqerin dhe kremin e ëmbëlsirave. Vendosni rreth ⅓ filxhan me përzierjen e hominit në qendër të një tortilla me miell. Stili i palosjes së zarfit.

2. Lani përpunuesin e ushqimit ose makinën tjetër dhe bëni pure luleshtrydhet. Pastroni përsëri makinën.

3. Qëroni mangot; hiqni tulin nga gropat. Bëni pure tulin.

4. Kur të jetë gati për t'u shërbyer, shkrini 2 lugë gjelle gjalpë me 1 lugë sheqer kaf në një tigan të madh të vendosur në zjarr mesatar. Ngroheni derisa gjalpi të shkumëzojë dhe sheqeri të shkrijë, duke e trazuar që të përzihet. Shtoni 2 ose 3 nga tortillat e mbushura, në varësi të madhësisë së tiganit dhe skuqini për 1 minutë. Kthejeni dhe skuqeni nga ana tjetër derisa të marrin

ngjyrë të artë dhe pak të freskët, rreth 1 minutë më shumë. Hiqeni në një pjatë.

Ngroheni 2 lugët e mbetura gjalpë dhe 1 lugë sheqer kaf.

Vazhdoni gatimin derisa të mbarojnë të gjitha chimichangas.

5. Lugë pure luleshtrydhe mbi një fund të çdo chimichanga; lugë pure mango mbi tjetrën. Hani sa është ende e ngrohtë dhe krokante.

Variacione: Përveç luleshtrydheve dhe mangove, mund të përdorni kajsi; manaferrat (boysenberry, boronicë, mjedër, manit); qershi; guava; portokall mandarine ose portokalle dhe mandarina te tjera; ananasi; dhe pjeshkë. Frutat që janë të buta (dardha, molla, papaja) nuk ofrojnë kontrastin e nevojshëm. Pureja e frutave mund të zbukurohet me pak: raki, kasi, grenadinë, kirsch dhe Triple Sec.

MBUSHJE BURRITO

65. Chilorio (mbushje me burrito me mish derri)

Bën: 8 racione

PËRBËRËSIT:

2 kilogramë shpatull derri pa kocka por me pak yndyrë
1 lugë çaji Kripë
Ujë të ftohtë për të mbuluar
Një pjatë kundër zjarrit
Një llaç ose dy pirunë
Një tas
8 Chiles Anchos
Ujë të nxehtë për të mbuluar
8 thelpinj hudhër; të qëruara
⅛ lugë çaji fara qimnon
¼ lugë çaji rigon
6 kokrra piper
½ lugë çaji kripë (ose për shije)
⅓ filxhan uthull (përbëni deri në 1/2 filxhan lëng duke shtuar ujë)
Derri sipas nevojës
Mishi i derrit të grirë
Salcë djegës

Pritini mishin në katrorë 1 inç dhe gatuajeni si për karnitat (e vloni, zvogëloni zierjen dhe gatuajeni derisa pothuajse të thahet). Kur uji të ketë avulluar dhe yndyra të jetë nxjerrë nga mishi, por mishi të mos jetë skuqur, rreth 45 minuta - hiqni mishin për gjellën dhe grijeni imët me dy pirunë.

Ndërkohë përgatisim salcën. Prisni specin djegës, hiqni farat dhe damarët dhe mbulojini me ujë të nxehtë. Lëreni të thithë për 15 minuta, më pas hiqeni me një lugë të prerë dhe transferojeni në kavanozin e blenderit dhe përziejeni derisa të jetë homogjene me pjesën tjetër të përbërësve.

Kili: Salca duhet të jetë e trashë, më shumë si një pastë. Ju do të duhet të vazhdoni të ndaloni blenderin për të lëshuar tehet.

Gatimi: Duhet të ketë rreth $\frac{1}{4}$ filxhani yndyrë në pjatën në të cilën është gatuar mishi; nëse jo, plotësoni atë sasi me sallo. Shtoni mishin dhe përzieni mirë salcën e djegës. Gatuani përzierjen mbi një flakë të ulët për 15 deri në 20 minuta, ose derisa mishi të jetë i aromatizuar mirë dhe përzierja të thahet, duke gërvishtur pjesën e poshtme të enës në mënyrë që salca të mos ngjitet.

66. Mbushje taco ose burrito

Bën: 1 porcione

PËRBËRËSIT:
1 gotë ujë të vluar
2 lugë salcë soje
1 lugë gjelle pluhur djegës
½ lugë çaji rigon
1 filxhan TVP
½ filxhan qepë; i grirë
½ filxhan piper jeshil; i grirë
1 thelpi hudhër; i grirë
Jalapeno për shije; i grirë, (sipas dëshirës)
1 luge vaj ulliri

Përzieni së bashku ujin, salcën e sojës, pluhurin djegës dhe rigonin dhe derdhni sipër TVP. Mbulojeni dhe lëreni të qëndrojë për rreth 10 minuta. Kaurdisni shkurtimisht në vaj qepën, piperin jeshil, hudhrën dhe jalapenon. Shtoni përzierjen TVP dhe vazhdoni të gatuani derisa të marrë ngjyrë kafe. Shërbejeni të nxehtë në taco ose burrito me të gjitha fiksimet.

67. Mbushje burrito me pulë dhe fasule

Bën: 4 porcione

PËRBËRËSIT:
- 4 gjoks pule
- ¼ filxhan lëng portokalli
- 2 lugë gjelle lëng limoni
- 2 lugë uthull musht
- 1 lugë çaji rigon
- ¼ lugë çaji Piper
- 15 ons Fasule të gatuara
- 1 lugë çaji pluhur djegës
- ½ lugë çaji Qimnon
- 1 filxhan copa arre, të ndara
- 1¼ filxhan miell
- ½ filxhan sheqer kafe të paketuar
- ½ filxhan Crisco me aromë gjalpë
- ½ filxhan thekon kokosi
- 2 pako 8 oz. krem djathi
- ⅔ filxhan Sheqer
- 2 vezë
- 2 lugë çaji vanilje
- 1 kanaçe mbushje byreku me qershi (21 oz)

Pritini gjokset e pulës (me lëkurë dhe kocka, yndyrën e dukshme të hequr) në shirita ¼". Kombinoni lëngun e portokallit dhe limonit, uthullën, rigonin dhe piperin dhe hidhni sipër pulës. Lërini në frigorifer për 2 orë. Kombinoni fasulet (pinto ose veshka - të konservuara ose të sapo gatuara) Me qimnon dhe pluhur djegës, grijini fasulet, por mos bëni një përzierje krejtësisht të lëmuar në një tigan të kulluar me spërkatje perimesh, derisa të zbuten tortilat me fasule Shërbejeni dhe shijoni!

68. Mbushje burrito me kërpudha

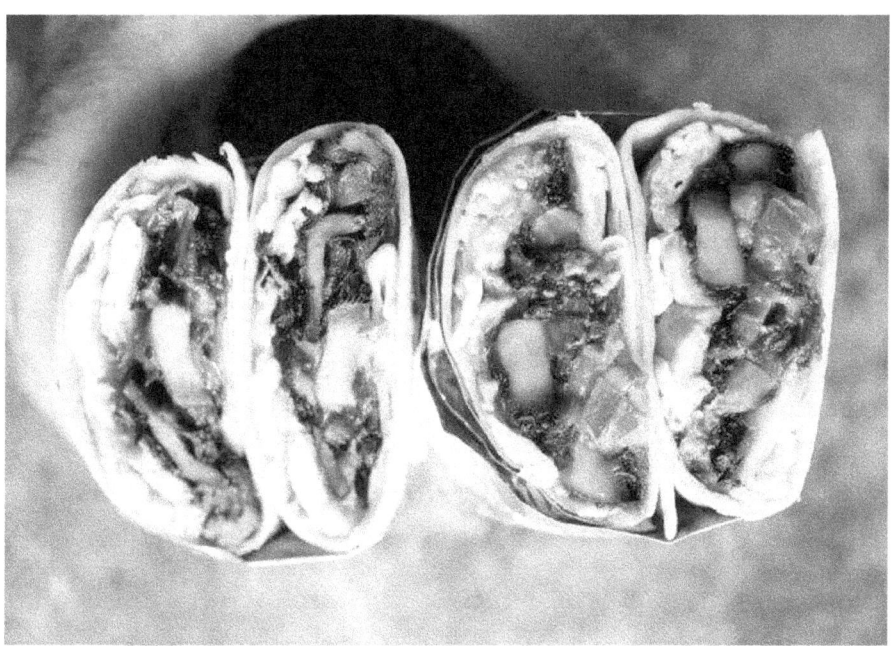

Bën: 4 racione

PËRBËRËSIT:
- 4 lugë vaj vegjetal
- 2 paund Kërpudha të freskëta, të bardha të kultivuara
- 2 thelpinj hudhre, te grira
- 4 Qepë të njoma, pjesë të bardha dhe jeshile, të prera në feta
- 4 speca djegës të gjelbër, të prera dhe të grira
- Lëngu i një limoni
- 1 lugë gjelle trumzë e freskët
- 1 filxhan salcë kosi, ose për shije
- Kripë dhe piper

a) Në një tigan të rëndë, ngrohni vajin dhe skuqni kërpudhat, hudhrat, qepët dhe specat djegës derisa kërpudhat të jenë të buta, por jo shumë të skuqura. Shtrydhni në lëng limoni dhe gatuajeni edhe një minutë. Sezoni me trumzë. Lëreni në frigorifer deri në kohën e servirjes. Pak para se ta servirni, ringrojeni dhe në zjarr të ulët shtoni salcë kosi. Ngroheni derisa të ngrohet. I rregullojmë sipas shijes me kripë dhe piper dhe i shërbejmë me tortilla me miell të ngrohtë.

69. Mbushje taco, tostado dhe burrito

Bën: 6 racione

PËRBËRËSIT:
¾ paund çak bluar
16 ons Can Fasule Pinto
1 thelpi hudhër, e grirë
2 lugë qepë e grirë imët
2 lugë djegës pluhur
1 lugë çaji Qimnon
2 lugë gjelle Picante ose Salsa

Kafe grimcën mbi nxehtësinë mesatare me qepë dhe hudhër. Kullojini mirë. Shtoni picante ose salsa, fasulet pinto, pluhur djegës dhe qimnon.
Kthejeni nxehtësinë në të ulët në mesatare të ulët dhe gatuajeni ngadalë, duke i grirë pintos ndërsa i trazoni. Gatuani derisa pintos të jenë përzier me mishin për të formuar një përzierje të trashë. Hidhni me lugë tortilla me misër ose miell, zbukurojeni me një ose të gjitha këto: marule, domate, qepë, guacamole, salcë kosi, salsa.
Shërbejeni me oriz spanjoll dhe këtë version të thjeshtë të Quesadillas: Vendosni një tortilla me miell në një pjatë të sigurt për mikrovalë. Mbuloni tortillan me djathë Monterey Jack të grirë.
Spërkatini me disa speca djegës të qëruar dhe të copëtuar me fara (blijini të konservuara për lehtësi). Shtroni një tjetër tortilla me miell sipër dhe vendoseni në mikrovalë derisa djathi të shkrihet, rreth 45 sekonda. Pritini në katërsh dhe shërbejeni.

BURRITOS VEGANË

70. Burrito me kajsi

Bën: 20 porcione

PËRBËRËSIT:
- 8 oz kajsi të thata, të prera në copa
- 1 c ujë
- ¼ c sheqer i grimcuar
- ¼ c sheqer kaf -- i paketuar
- ¼ luge kanelle
- ¼ lugë arrëmyshk
- 20 tortilla 6 inç

Lërini 6 përbërësit e parë të ziejnë.
Ziejini pa mbuluar 10 minuta ose derisa frutat të jenë të buta dhe përzierja të trashet.
Vendosni 1 lugë gjelle nga përzierja në njërën skaj të tortilla. Rrokullisje.
Skuqini në vaj të nxehtë deri në kafe të artë, duke e kthyer një herë. Kullojeni.
Shërbejeni të nxehtë ose të ftohtë.

71. Burrito me fasule

Bën: 24 racione

PËRBËRËSIT:

- 12 tortilla (6 inç) me miell
- 1 qepë mesatare; i copëtuar
- 1 lugë gjelle vaj vegjetal
- 2 thelpinj hudhër; i grirë
- 1 speca të freskët jalapeno
- 1 kanaçe fasule të skuqura meksikane
- 1 filxhan djathë vegan Monterey Jack
- ½ lugë çaji Qimnon i bluar
- Kosi dhe salsa

Ngroheni furrën në 325 gradë. Vendosni tortillat dhe pritini në gjysmë. Mbështilleni pirgun e tortillas në letër dhe ngroheni derisa të ngrohet, 10 deri në 15 minuta.

Ndërkohë, në një tigan të madh kaurdisim qepën në vaj mbi nxehtësinë mesatare deri sa të zbutet, por jo të skuqet, për 2 deri në 3 minuta. Shtoni hudhrën dhe specat jalapeno dhe gatuajeni derisa hudhra të jetë thjesht aromatik, rreth 30 sekonda. 3. Përhapeni rreth 1-½ lugë gjelle përzierje fasule në secilën gjysmë tortilla dhe rrotullojeni në formë pelte.

Rregullojini në një pjatë për servirje dhe spërkatni me cilantro. Shërbejeni të ngrohtë me salcë kosi dhe salcë.

72. Burrito me banane

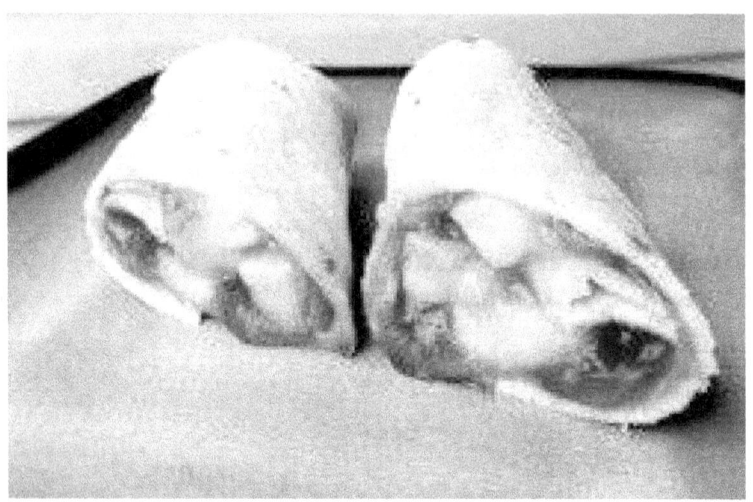

Bën: 1 porcion
PËRBËRËSIT:
- Tortilje me miell 1 6 inç
- 1 lugë gjelle gjalpë kikiriku kremoz
- 2 lugë çaji me mjedër
- 1 lugë çaji kokosi i grirë
- ½ banane mesatare

Vendosni tortilla në sipërfaqe të sheshtë; lyeni në mënyrë të barabartë me gjalpë kikiriku dhe mjedër. Spërkateni me kokos, sipas dëshirës.

Vendosni banane në buzë të tortilla; rrokulliset për të mbyllur. Mbështilleni lirshëm në një peshqir letre.

Vendoseni në mikrovalë në të lartë për 35 sekonda

73. Burrito me fasule dhe oriz

PËRBËRËSIT:

- 1 kanaçe fasule, park ujor 16 oz
- 1 filxhan oriz kaf; i gatuar
- ½ filxhan qepë; i ngrirë, i copëtuar
- ½ filxhan Gr. speca; i ngrirë, i copëtuar
- ½ filxhan misër; i ngrirë
- Pluhur djegës; vizë
- Marule, e copëtuar
- 1 tufë qepë; i copëtuar
- Qimnon; vizë
- Pluhur hudhre; vizë
- Salsa, pa vaj, me pak natrium
- 10 Tortillas, grurë integrale
- 1 domate; i copëtuar

Kaurdisni qepët e ngrira dhe specat jeshilë në disa lugë ujë në një tigan. I kullojmë dhe i shpëlajmë fasulet dhe i vendosim në një tigan dhe i bëjmë pure me një matës patate. Shtoni orizin e gatuar, misrin, erëzat dhe ujin.

Ngrohni shpejt tortillat. Vendosni një vijë me përzierje fasule në mes të çdo tortilla; shtoni një lugë çaji salsa dhe ndonjë nga mbushjet e tjera sipas dëshirës. Paloseni ½ inç në secilën anë, futeni në skajin e sipërm dhe rrotullojeni në një burrito.

Shërbejeni menjëherë, duke i mbushur me salsa shtesë nëse dëshironi.

74. Fasule & burrito tvp

Bën: 10 porcione

PËRBËRËSIT:

- 10 (10") tortilla
- 1 filxhan fasule pinto të thata, të njomura
- 1 gjethe dafine
- 3 thelpinj hudhre, te grira
- ½ filxhan Granulat ose thekon TVP
- 2 lugë çaji pluhur djegës
- 1 lugë çaji Qimnon
- 1 lugë çaji Kripë
- ½ lugë çaji rigon
- 1 luge vaj ulliri
- 1 filxhan qepë, të copëtuar

Kombinoni TVP, ujin e nxehtë, lëngun e fasules së nxehtë, pluhurin djegës, qimnonin, kripën dhe rigonin. Kaurdisni qepën në vaj ulliri në një tigan me madhësi të mirë derisa të zbutet.

Shtoni TVP-në e kalitur dhe gatuajeni edhe disa minuta. Përzieni fasulet e gatuara,

Për ta montuar: ngrohni një tigan ose tigan derisa disa pika uji të kërcejnë në sipërfaqe. Skuqini çdo tortilla nga të dyja anët derisa sipërfaqja e tortilla të fillojë të flluskojë dhe të skuqet pak. Mbajini ato të ngrohta në një peshqir të trashë. Kur të gjitha të jenë nxehur, vendosni rreth ⅓ filxhan mbushje në njërën anë të një tortilla dhe rrotullojeni.

75. Burrito me qershi

Bën: 6 racione
PËRBËRËSIT:
- 6 tortilla me miell (6 inç).
- 1 pako përzierje pudingu me vanilje pa sheqer
- ¾ filxhan Ujë
- 1½ filxhan qershi; pa sheqer të shtuar
- 2 pika Ngjyrë ushqimore e kuqe (deri në 3)
- ½ lugë çaji ekstrakt bajame
- 1 lugë çaji kanellë
- 1 lugë sheqer pluhur

Ngroheni furrën në 350 F. Në një tigan të mesëm përzieni përzierjen e pudingut, ujin dhe qershitë

Gatuani në zjarr mesatar derisa të trashet. Shtoni ngjyrën e kuqe ushqimore dhe ekstraktin e bajames. Përziejini mirë që të bashkohen. Hiqeni nga zjarri. Spërkatni një fletë të madhe biskotash ose tepsi pelte me llak gatimi me shije gjalpi. Ndani në mënyrë të barabartë mbushjen e qershisë dhe vendoseni në qendër të secilës tortilla. Palosni njërën buzë mbi mbushje; rrotullojeni fort në anën e kundërt. Vendoseni anën e qepjes poshtë në fletën e biskotave. Spërkatni pjesën e sipërme të secilit me llak gjalpi. Spërkateni me kanellë. Piqeni 10-12 minuta.

76. Burrito me gjalpë

Bën: 3 porcione

PËRBËRËSIT:
- 1 kungull gjalpë; të gatuara dhe të pure
- 1 qepë e kuqe; i copëtuar
- 4 thelpinj hudhër; i copëtuar mirë
- 1 lugë spec djegës pluhur
- 1 lugë gjelle rigon
- 1 lugë qimnon
- 1 lugë çaji salcë soje Tamari
- 6 Tortila
- 1 kanaçe salcë enchilada; e kuqe apo jeshile

Ngrohni furrën në 350 F. Kaurdisni qepën dhe hudhrën në pak vaj derisa të jenë të tejdukshme

Shtoni kungullin e grirë dhe barishtet. Përziejini dhe ziejini në zjarr të ngadaltë derisa shijet të përzihen. Shtoni më shumë barishte për shije.

Mbushni tortillat me përzierje dhe rrotulloni. Mbulojeni salcën e Çilit dhe piqni për 30 minuta.

77. cilantro

Bën: 30 porcione
PËRBËRËSIT:
- ½ kile Fasule e zezë e thatë
- ½ kile fasule të thata pinto
- ½ kile Fasule të thata
- 30 predha tortilla
- 10 qepë; i grirë
- ¾ paund Kërpudha; i grirë
- 2 speca kubanelle; i grirë
- ½ paketë kuskus me grurë të plotë
- Salcë e nxehtë me bazë Habanero
- Lëng limoni
- Pastë me spec të kuq ose tabasko
- Cilantro
- 1 lugë gjelle salcë habanero
- 2 lugë pastë piper të kuq
- 1 lugë qimnon
- 1 lugë gjelle lëng limoni
- 1 lugë gjelle Gjalpë

Thith fasulet . Shtoni salcën habanero, pastën e piperit të kuq, qimnonin dhe lëngun e limonit. Në një tigan të madh teflon shtoni: shtoni 1 lugë gjelle gjalpë, ngrohni dhe më pas gatuani kërpudhat dhe kubanelat në të.

Merrni një tortilla; Mbushni atë për 35 sekonda në lartësi.

Tani, vendosni 2-3 lugë çaji të grumbulluar me fasule në një vijë ⅓ nga njëra skaj. Shtoni 1 lugë cilantro, qepë, kërpudha dhe 1 lugë gjelle. kuskusi. Rrotulloni një herë, palosni skajet, përfundoni rrotullimin.

78. Burrito me misër dhe oriz

Bën: 4 porcione
PËRBËRËSIT:
- 4 ons Oriz i gatuar
- 16 ons Fasule të zeza të konservuara
- 15 ons misër të konservuar me kokërr të plotë
- 4 ons djegës të gjelbër të butë të copëtuar
- ⅔ filxhan Monterey Jack i copëtuar
- ¼ filxhan cilantro e freskët e copëtuar
- 8 tortilla me miell; (6 deri në 7 inç)
- 12 ons salsa e butë; pa yndyrë

Ngrohni furrën në 425 gradë F. Përgatitni orizin sipas udhëzimeve të etiketës.

Ndërkohë, në një tas të madh, kombinoni fasulet e zeza, misrin, djegësin, djathin dhe cilantron.

Kur orizi të jetë gati, përzieni në përzierjen e fasules. Hidhni një lugë të rrumbullakosur ½ filxhan përzierje orizi përgjatë qendrës së secilës tortilla. Lugë 1 lugë gjelle salsa sipër mbushjes së orizit. Palosni anët e tortilla mbi mbushje, duke u mbivendosur pak.

Spërkatni një enë pjekjeje prej qelqi ose qeramike 13" me 9" me llak gatimi që nuk ngjit. Vendosini burritot, me anë të tegelit poshtë, në enë. Hidhni me lugë çdo përzierje orizi të mbetur në një rresht në qendër të burritos; sipër orizit me salsa e mbetur.

79. Burrito me fasule fiesta

Bën: 1 porcion
PËRBËRËSIT:
- ½ filxhan fasule vegjetariane
- 1 lugë salsa
- 1 lugë çaji cilantro e copëtuar, sipas dëshirës
- 1 tortilla me grurë të plotë

Përhapeni fasulet mbi tortilla. Spërkateni mbi përbërësit e mbetur. Ngroheni në mikrovalë derisa të ngrohet, rreth 40 sekonda
Rrotulloni tortilla dhe përzieni në një burrito.

80. Burrito në ngrirje

Bën: 1 porcion
PËRBËRËSIT:
- 2 kanaçe Fasule të zeza
- 2 3 gota oriz të gatuar (tuaj
- lloji i preferuar)
- 1 qepë e madhe
- 3 deri në 4 thelpinj hudhër
- Borziloku i tharë, qimnon, djegës
- 1 pako tortilla me miell, burrito
- 1 salcë domate e vogël me kanaçe

Kaurdisni qepët dhe hudhrat në vajin tuaj të preferuar (më pëlqen të përdor uthull balsamike ose sheri të gatimit). Kur qepa të jetë e butë, shtoni erëza (më falni pa matje, thjesht hedh atë që duket mirë), gatuaj edhe nja dy minuta dhe hiqeni nga zjarri.

Në një tas të madh, hidhni 1 kanaçe fasule me lëng, kullojeni kanaçen tjetër dhe më pas shtoni fasulet në tas. Shtoni kanaçen e salcës së domates. Grini fasulet derisa pjesa më e madhe të bëhet pure.

Shtoni përzierjen e orizit të zier dhe qepës. I trazojmë mirë. Mblidhni burritos, ngrini. Këto janë ushqime të mira, drekë ose darkë me një sallatë, dhe më pëlqejnë për mëngjes.

81. Burrito kopshtesh

Bën: 4 porcione

PËRBËRËSIT:
- 1 kanaçe (16 oz.) fasule të zeza; shpëlarë
- 1 kanaçe (16 oz.) misër me kokërr të plotë
- 1 kanaçe domate të ziera
- 1 filxhan Djathë cheddar vegan i grirë
- 8 tortilla me miell të stilit Burrito
- ¼ filxhan qepë; i grirë imët
- ¼ filxhan Piper i kuq i ëmbël
- 1 lugë gjelle Piper Jalapeno
- 1 lugë gjelle cilantro e copëtuar;

Ngroheni furrën në 400. Përzieni fasulet, misrin, domatet dhe djathin. Hidhni me lugë tortillat me miell dhe spërkatni me qepë, speca dhe cilantro. Palosni tortillat nga 3 anët ose si enchilada. Piqini në një enë pjekjeje të cekët prej 3 litrash për 8 minuta për të ngrohur tortillat dhe për të shkrirë djathin derisa skajet të skuqen lehtë. Shërbejeni me marule, salcë kosi dhe salsa anash.

82. Burrito meksikane Jiffy

Bën: 4 porcione

PËRBËRËSIT:
- 16 ons fasule të skuqura pa yndyrë
- ⅓ filxhan salsa; ose ujë
- 4 tortilla me miell 9 inç
- 1 domate mesatare e grirë
- 4 qepë të vogla jeshile; i copëtuar
- ½ piper zile jeshile; i copëtuar
- 1 filxhan djathë mocarela vegan
- Marule e grirë
- salsa; ose salcë taco
- Kosi me pak yndyrë; opsionale

Kombinoni fasulet dhe salsën ose ujin. Përziejini mirë. Përhapeni rreth ⅓ filxhan me përzierjen e fasules hollë mbi çdo tortilla, duke lënë një kufi prej 1 inç. Spërkatni domaten, qepët e njoma, piperin jeshil dhe gjysmën e djathit mbi tortillat. ~ Furrë në 400F ~ Rrotulloni secilën tortilla dhe vendoseni, me anën e qepjes poshtë, në një enë pjekjeje të lyer me pak yndyrë. Piqeni në furrë 400F për 10 minuta. Spërkateni me djathin e mbetur; piqni për 5 minuta më gjatë ose derisa të nxehet dhe djathi të shkrihet. Ose mbulojeni me letër të depiluar dhe futeni në mikrovalë me fuqi mesatare të lartë (70 përqind) për 2 deri në 4 minuta ose derisa të nxehet.
Shërbejini burritos mbi marule të grira. Kaloni veçmas salcën e salcës ose takos dhe salcë kosi (ose kosin).

83. Tavë burrito matzo

Bën: 4 porcione

PËRBËRËSIT:
- Salsa
- Fasule të skuqura pa yndyrë
- Matzos
- Specat e kuq dhe jeshil
- Kiles jeshile

Ngrohni furrën në 350. Në një tavë katrore shtroni pak salsa në fund të tavës që të mos ngjitet matzo.

Përhapeni fasule të skuqura me FF mbi matzos të mjaftueshëm për të mbuluar (një shtresë) pjesën e poshtme të enës. Më pas vendos një shtresë me speca të kuq dhe jeshil dhe më pas një shtresë matzo me fasule të skuqura. Mbi të vendosa një shtresë me djegës të gjelbër, një tjetër matzo dhe pak salsa dhe tofu sipër. Piqeni në furrë për rreth 15 minuta.

Matzot zbuten si tortillat dhe kjo kursen shumë mirë.

84. Burrito me fasule me mikrovalë

PËRBËRËSIT:

- 2 lugë çaji vaj vegjetal
- 1 qepë e vogël, e prerë hollë
- 1 piper i vogël Jalapeno, me fara
- 1 thelpi hudhër, i grirë
- ¼ lugë çaji qimnon i bluar
- ¼ lugë çaji rigon të tharë
- ¼ lugë çaji pluhur djegës
- 1 majë fara koriandër të bluara
- 16 ons fasule të zeza, të shpëlarë
- ½ Avokado, pa kore, të qëruara, të prera në kubikë
- 1 domate kumbulle, e prerë në kubikë
- 1 qepë e grirë
- 1 lugë gjelle koriandër të freskët të grirë
- 2 lugë çaji lëng limoni të freskët
- 1 majë lëvore gëlqereje të grirë
- 4 tortilla me miell të ngrohura

Përzieni vajin, qepën, jalapeno-n dhe hudhrën së bashku në një pjatë byreku prej qelqi 9 inç. Vendoseni në mikrovalë me fuqi të lartë për 1 minutë. Përzieni qimnon, rigon, pluhur djegës dhe koriandër të bluar; mikrovalë, e mbuluar dhe e ajrosur, 1 minutë. Përzieni fasulet dhe ujin; mikrovalë, e mbuluar dhe e ajrosur, 2 minuta.

Kombinoni avokadon, domaten, qepën, koriandër të freskët, lëngun e lime dhe lëkurën në një tas të vogël. Sezoni salsën sipas shijes me kripë dhe piper

85. Burrito me perime në mikrovalë

Bën: 4 porcione

PËRBËRËSIT:
- 1 piper i ëmbël jeshil; Të copëtuara
- 1 qepë; i copëtuar
- 2 thelpinj hudhër; i grirë
- 1 lugë çaji vaj vegjetal
- ½ lugë çaji qimnon i bluar
- ½ lugë çaji rigon të tharë
- 3 patate; i prerë në kubikë
- 1 filxhan kokrra misri
- 6 ons Salcë taco në shishe
- 4 tortilla të mëdha me miell
- ½ filxhan djathë vegan çedar; i copëtuar

Në një tavë me 6 filxhanë, bashkoni piperin jeshil, qepën, hudhrën, vajin, qimnonin dhe rigonin; në mikrovalë, të mbuluar, në temperaturë të lartë për 2-3 minuta ose derisa qepa të jetë zbutur. Përzieni patatet dhe 1 lugë gjelle ujë; në mikrovalë, të mbuluar, në temperaturë të lartë për 8-10 minuta ose derisa patatet të zbuten, duke i përzier dy herë.

Përzieni me salcë misri dhe taco; në mikrovalë, të mbuluar, në temperaturë të lartë për 2-4 minuta ose derisa të nxehet. Lëreni të qëndrojë për 5 minuta. Shtoni kripë dhe piper për shije. Tortillat në mikrovalë, të pambuluara, në temperaturë të lartë për 30-40 sekonda ose derisa të ngrohen. Vendoseni në pjata për servirje; sipër me përzierjen e patates dhe djathin. Palos 1 skaj, pastaj anët; rrotullohem.

86. Burto me perime të përziera

PËRBËRËSIT:

- 1 patate e madhe -- e prerë në kubikë
- 2 kunguj të njomë të vegjël -- të copëtuara
- 2 kunguj të vegjël të verdhë -- të copëtuar
- 10 ons Misër i ngrirë
- 3 piper zile
- 1 domate e madhe -- e prerë
- 1 qepë e vogël e kuqe -- e grirë
- 3 lugë cilantro -- të copëtuara
- 1 filxhan salcë kosi, e lehtë
- 1 lugë çaji pluhur djegës
- 12 ons djathë vegan Monterey jack
- 4 tortilla me miell
- 1 feta avokado

Vendoseni ujin të vlojë në një tenxhere të mbuluar në zjarr të fortë. Shtoni patatet, kungull i njomë, kungujt e verdhë, misrin dhe specat. Kthejeni në një valë dhe gatuajeni, pa mbuluar, rreth 4 minuta, derisa patatet të jenë thjesht të buta. Kullojeni dhe kthejeni në një enë. Shtoni domaten, qepën, cilantron, kosin, pluhurin djegës, kripën, piperin dhe $\frac{1}{2}$ e djathit. Hidheni butësisht.

Renditni tortillat në një shtresë të vetme në fletë biskotash të veshura me letër furre. Lugë $\frac{1}{4}$ e mbushjes në qendër të çdo tortilla

Palosni dhe piqni rreth 15 minuta, derisa djathi të shkrihet.

87. Burritos me fasule të zezë Mojo

Bën: 1 porcion

PËRBËRËSIT:
- 2 tortilla të mëdha me miell
- 1 filxhan Me pak yndyrë fasule të zeza të skuqura
- 1 patate e embel
- ½ filxhan misër i ëmbël i ngrirë
- 4 ons Tempeh
- 4 6 lugë salcë taco

Qëroni dhe copëtoni patatet e ëmbël në copa të vogla me madhësi kafshimi. Pritini tempehin në copa të vogla me madhësi kafshe. Ziejini Tempeh dhe kube patatesh me avull për 10-15 minuta derisa të zbuten. Rreth 2 minuta para se të mbarojnë, shtoni misrin (do të duhet të përdorni një shportë avulli me vrima të vogla).

Ndërkohë ngrohni tortillat në furrë. Përhapeni secilën me ½ fasule të zeza. Kur Tempeh, patatja e ëmbël dhe misri të jenë gati, shtoni ½ e përzierjes në çdo burrito dhe më pas shtoni ½ salcë taco në secilën. Mblidheni fort dhe shërbejeni.

Këto bëjnë dreka të shkëlqyera; mund t'i mbështillni fort në letër alumini (kallaj) dhe do të qëndrojnë gjatë gjithë ditës.

88. Mbushje burrito me kërpudha

Bën: 4 racione

PËRBËRËSIT:
- 4 lugë vaj vegjetal
- 2 kilogramë kërpudha të freskëta
- 2 çdo thelpi hudhër, të grirë
- 4 secili Qepë të gjelbra, të bardha dhe jeshile
- 4 çdo chiles jeshile, fara
- Lëngu i një limoni
- 1 lugë gjelle trumzë e freskët
- 1 filxhan salcë kosi, ose për shije
- Kripë dhe piper

Në një tigan të rëndë, ngrohni vajin dhe skuqni kërpudhat, hudhrat, qepët dhe specat djegës derisa kërpudhat të jenë të buta, por jo shumë të skuqura. Shtrydhni në lëng limoni dhe gatuajeni edhe një minutë.
Sezoni me trumzë
Lëreni në frigorifer deri në kohën e servirjes. Pak para se ta servirni, ringrojeni dhe në zjarr të ulët shtoni salcë kosi.
Ngroheni derisa të ngrohet
I rregullojmë sipas shijes me kripë dhe piper dhe i shërbejmë me tortilla me miell të ngrohtë

89. Neato burrito

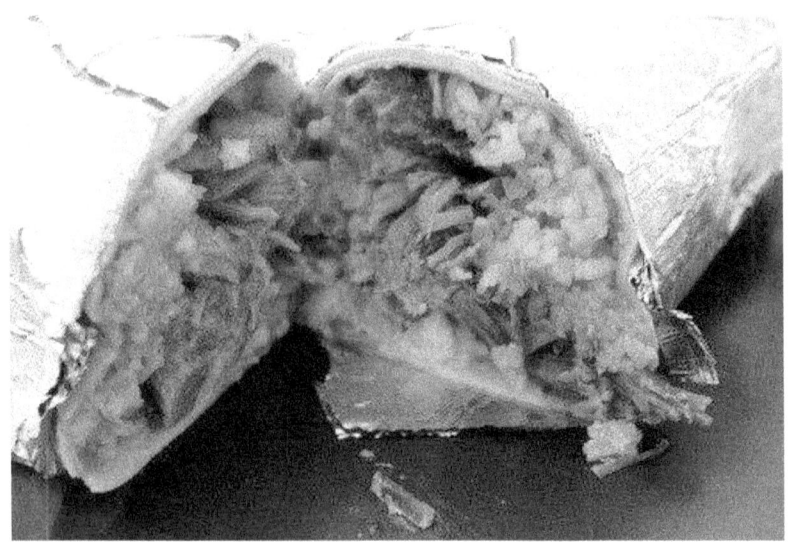

Bën: 1 porcion

PËRBËRËSIT:
- 1 tortilla me miell
- 1 kukull e madhe fasule të skuqura pa yndyrë
- 1 fetë çedër vegan pa yndyrë
- Marule; domate, qepë etj., për sipër
- Salca e preferuar e nxehtë

Merrni një tortilla me miell dhe vendosni mbi të një kukull të madhe Zesty No Fat Refries. Grisni një fetë çedar pa yndyrë dhe vendoseni sipër.
Ngroheni për 2 minuta në mikrovalë
Hidhni sipër gjërat tuaja të preferuara të papërpunuara (marule, domate, qepë, etj.) dhe salcën tuaj të preferuar të nxehtë.

90. Burrito me perime pepita

PËRBËRËSIT:

- 1 salcë me fara kungulli
- 1 filxhan brokoli të grirë
- 1 qepë e imët, e grirë hollë
- 2 thelpinj hudhre, te grira holle
- 2 luge vaj
- 1 filxhan shirita kungujsh të verdhë 2x1/4 inç
- 1 filxhan shirita kungujsh 2x1/4 inç
- ½ filxhan piper i kuq i grirë imët
- ¼ filxhan Fara kungulli të prera, të thekura
- 1 lugë gjelle lëng limoni
- 1 lugë çaji djegës të kuq të bluar
- ¼ lugë çaji kripë
- ¼ lugë çaji qimnon i bluar
- 6 tortilla me miell

Përgatitni salcën e farave të kungullit. Gatuani brokolin, qepën dhe hudhrën në vaj në një tigan 10 inç, duke i përzier shpesh, derisa të zbuten. Përziejini përbërësit e mbetur përveç tortillave. Gatuani, duke e përzier herë pas here, derisa kungulli të jetë i butë dhe i freskët, rreth 2 minuta.

Mbani ngrohtë. Hidhni rreth ½ filxhan përzierje perimesh në qendër të secilës tortilla. Palosni njërën skaj të tortillas rreth 1 inç mbi përzierje. Palosni anët e djathta dhe të majta mbi skajin e palosur, duke u mbivendosur. Palosni fundin e mbetur poshtë. Shërbejeni me salcën e farave të kungullit.

91. burritos Seitan

Bën: 4 porcione

PËRBËRËSIT:
- Hudhra; i prerë në kubikë
- Qepë; feta
- 2 kërpudha të mëdha Portobello; feta
- Seitan i stilit Fajita
- kanellë
- Qimnon
- Pluhur djegës
- Tortilla
- Djathë çedar vegan me yndyrë të reduktuar

Pritini disa qepë dhe vendosini në një tigan për t'u 'skuqur'. Shtoni dy kërpudha të mëdha Portobello. Më pas shtoni fetat e seitanit. Shtoni pak kanellë, qimnon dhe pluhur djegës.

Nxehtësia tortilla deri sa të zbutet në një tigan që nuk ngjit, spërkatni me një sasi shumë të vogël djathi çedër me yndyrë të reduktuar, transferojeni në një pjatë dhe lugët me kërpudha. përzierje seitan dhe paloset si një burrito.

92. Burrito me patate të ëmbël

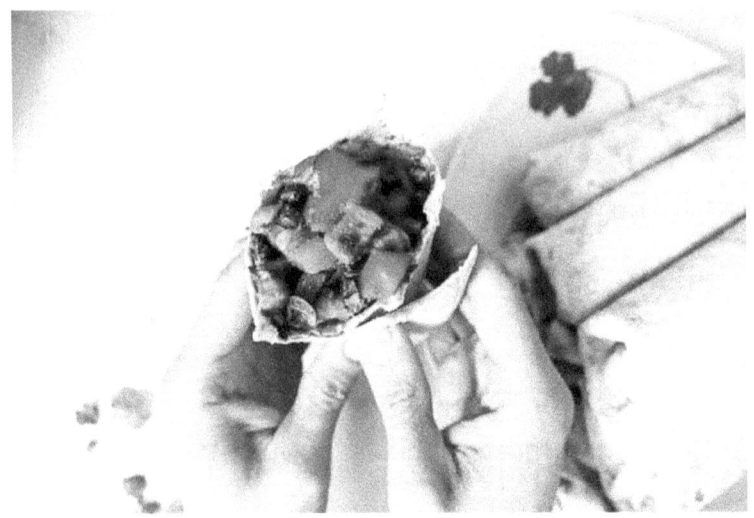

PËRBËRËSIT:

- 5 gota Patate të ëmbla të qëruara, të prera në kubikë
- 3½ gota qepë të prera në kubikë
- 4 thelpinj hudhre te medha, te grira
- 1 lugë gjelle Kili jeshil i freskët i grirë
- 4 lugë çaji qimnon të bluar
- 4 lugë çaji koriandër të bluar
- 4½ filxhanë Fasule të zeza të ziera
- ⅔ filxhan Gjethe cilantro të paketuara lehtë
- 2 lugë gjelle lëng limoni
- 1 lugë çaji Kripë
- 8 tortilla me miell tetë inç
- Salsa me domate për sipër

Vendosni patatet e ëmbla në tenxhere me ujë për t'i mbuluar. Mbulojeni dhe lëreni të vlojë.

Kaurdisni qepët, hudhrat dhe chili

Shtoni ujë sipas nevojës që të mos ngjitet. Shtoni qimnon dhe koriandër dhe gatuajeni për 2-3 minuta, duke i përzier shpesh.

Në një përpunues ushqimi, kombinoni fasulet, cilantro, lëngun e limonit, kripën dhe patatet e ëmbla të gatuara. Pure deri sa të jetë e qetë. Transferoni në një tas të madh përzierjeje dhe përzieni qepët e ziera dhe erëzat.

Hidhni mbushjen me lugë në qendër të secilës tortilla, rrotullojeni të mbyllur dhe vendoseni anën e tepjes poshtë në një enë pjekjeje. Mbulojeni fort me petë dhe piqni të paktën 30 minuta.

93. Mbushje Burrito

Bën: 1 porcion

PËRBËRËSIT:
- 1 gotë ujë të vluar
- 2 lugë salcë soje
- 1 lugë gjelle pluhur djegës
- ½ lugë çaji rigon
- 1 filxhan TVP
- ½ filxhan qepë; i grirë
- ½ filxhan piper jeshil; i grirë
- 1 thelpi hudhër; i grirë
- Jalapeno për shije; i grirë, (sipas dëshirës)
- 1 luge vaj ulliri
- mirë edhe për enchiladas!!

Përzieni së bashku ujin, salcën e sojës, pluhurin djegës dhe rigonin dhe derdhni sipër TVP. Mbulojeni dhe lëreni të qëndrojë për rreth 10 minuta. Kaurdisni shkurtimisht në vaj qepën, piperin jeshil, hudhrën dhe jalapenon
Shtoni përzierjen TVP dhe vazhdoni të gatuani derisa të marrë ngjyrë kafe. Shërbejeni të nxehtë në taco ose burrito me të gjitha fiksimet.

94. Burritos me kërpudha të egra

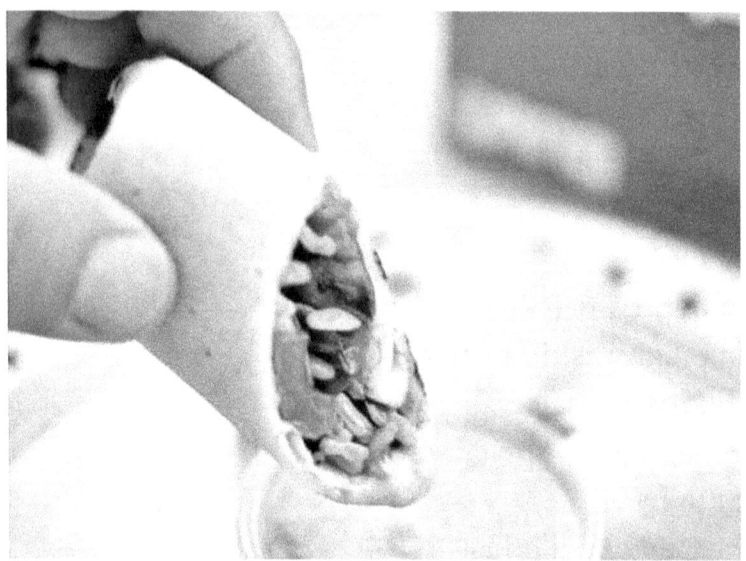

PËRBËRËSIT:

- 1 lugë gjelle vaj Canola
- 4 ons kërpudha të freskëta shiitake;
- 4 ons kërpudha perle; feta
- 4 ons kërpudha butona; feta
- 1 spec i kuq zile; fara dhe prerë në kubikë
- 2 thelpinj të mëdhenj hudhër; i grirë
- 1 kanaçe (15 oz) fasule të zeza; kulluar
- 1 kanaçe (14 oz) kokrra misri; kulluar
- 4 qepë të plota; të prera dhe të copëtuara
- 1 lugë çaji qimnon i bluar
- 1 spec djegës; i copëtuar
- 1 lugë çaji rigon meksikan
- 6 tortilla me miell 10 inç
- ¾ filxhan djathë vegan Monterey Jack
- 1 filxhan salsa domate; ose e preferuara juaj

Ngrohni vajin mbi nxehtësinë mesatare. Shtoni kërpudhat, specat dhe hudhrën dhe gatuajeni, duke e trazuar, derisa të zbuten, rreth 7 minuta. Përzieni fasulet, misrin, qepën, qimnonin, piperin djegës ose pluhurin djegës dhe rigonin meksikan dhe gatuajeni, duke e trazuar, për 4 deri në 6 minuta.

Ngrohni tortillat me miell dhe hidhni me lugë përzierjen e kërpudhave në qendër të secilës tortilla.

95. Burritos vegjetariane grande

PËRBËRËSIT:

- ⅓ filxhan vaj ulliri
- 3 thelpinj hudhre te grira
- 1 lugë gjelle Cilantro, e prerë
- ½ lugë çaji Qimnon
- ¼ lugë çaji Thekon të kuq të chilit, të grimcuar
- ¼ lugë çaji rigon
- 1 çdo spec të kuq zile
- 1 çdo piper zile jeshile
- 1 çdo spec zile të verdhë
- 1 çdo spec Anaheim
- 3 kunguj të verdhë të mesëm
- 1 qepë e kuqe e madhe, e prerë në feta
- 6 tortilla me miell secila
- 3 filxhanë fasule të zeza, të ziera
- ¼ filxhan Cilantro, i copëtuar

MBUSHJA: Pritini specat, zilen dhe djegësin, së bashku me kungujt përgjysmë, për së gjati. Hiqni farat nga specat. Me një furçë pastiçerie i lyejmë me vajin e bastingut. Skuqni nën një brojler ose në një skarë të përgatitur. Lyejeni dhe kthejeni derisa të zbutet, rreth 5 minuta për çdo anë.

Hiqeni nga zjarri dhe kur të ftohet mjaftueshëm për t'u mbajtur, copëtoni.

PËR TË MBLEDHUR: Hidhni fasulet me lugë pak nga qendra mbi tortilla dhe sipër me perime të pjekura në skarë dhe cilantro. Palosni dhe hani.

96. Fasule e zezë Burrito

Bën: 6

PËRBËRËSIT:
1 1/2 filxhan fasule të zeza të kulluara dhe të shpëlarë
14 oz domate të pjekura të pjekura në kubikë, të kulluara
1 filxhan quinoa të tharë
1 lugë çaji pluhur çipotle
1 lugë çaji djegës pluhur
1 lugë çaji hudhër pluhur
4 lugë supë perimesh
1 spec jeshil zile, të prerë dhe të prerë në kubikë
4 oz speca djegës jeshil të prerë në kubikë, të kulluar
1/2 qepë e madhe, e prerë në kubikë
1 lugë qimnon
1 filxhan misër i kulluar
2 gota marule të grira
1/4 filxhan cilantro, e paketuar lirshëm
6 tortilla të mëdha me miell pa gluten
1/2 lugë çaji kripë
Guacamole

UDHËZIME:
Ziejini kokrrat sipas udhëzimeve dhe lërini mënjanë.
Ngrohni ujin në një tenxhere ose tigan mbi nxehtësinë mesatare.
Ngrohni ujin në një tenxhere ose tigan mbi nxehtësinë mesatare.
Kaurdisni qepën dhe piperin zile për 5 minuta.
Shtoni domatet, specin djegës jeshil ose jalapeno, qimnonin, pluhurin djegës, pluhurin e hudhrës dhe kripën.

Gatuani për 4 deri në 5 minuta të tjera duke e përzier shpesh.

Gatuani për disa minuta derisa fasulet e zeza dhe misri të jenë ngrohur. Shtoni cilantron dhe përzieni mirë.

Vendoseni mbështjellësin e tortilës në një sipërfaqe të sheshtë në mes, duke lënë disa centimetra në secilin skaj, dhe lyeni me ½ filxhan përzierje fasule të zezë, marule të grirë, guacamole dhe ½ filxhan oriz.

Palosni secilin nga skajet drejt qendrës duke mbajtur rrathët poshtë, më pas rrotulloni skajet më afër jush lart e lart.

Shërbejeni me erëza të zgjedhura.

97. Tofu burrito

PËRBËRËSIT:
- 1 firmë pako prej 12 ons ose tofu tepër të fortë.
- 1 lugë çaji vaj (ose 1 lugë gjelle (15 ml) ujë).
- 3 thelpinj hudhër (të grira).
- 1 lugë gjelle humus (i blerë në dyqan ose DIY).
- ½ lugë çaji pluhur djegës.
- ½ lugë çaji qimnon.
- 1 lugë çaji maja dietike.
- ¼ lugë çaji kripë deti.
- 1 majë piper kajen.
- ¼ filxhan majdanoz i grirë.
- Perimet:

UDHËZIME:
a) Ngrohni furrën në 400° F (204° C) dhe shtroni një fletë pjekjeje me letër pergamene.

b) Shtoni patatet dhe piperin e kuq në fletën e pjekjes, spërkatni me vaj (ose ujë) dhe erëza dhe hidhini për t'u kombinuar. Piqni për 15-22 minuta ose derisa të zbuten dhe të skuqen pak. Përfshini kale në 5 minutat e fundit.

c) Ndërkohë, ngrohni një tigan të madh mbi nxehtësinë mesatare. Sapo të nxehet, përfshini vaj (ose ujë), hudhër dhe tofu dhe skuqeni për 7-10 minuta, duke e përzier shpesh, derisa të marrë një ngjyrë kafe.

d) Ndërkohë, në një tas të vogël përzierjeje, përfshini humusin, pluhurin djegës, qimnonin, majanë ushqyese, kripën dhe kajenën (opsionale). Vazhdoni të shtoni ujë derisa të formohet një salcë që derdhet. Shtoni përzierjen e erëzave në tofu dhe vazhdoni gatimin në zjarr mesatar derisa të skuqet pak - 3-5 minuta.

e) Përfshini pjesë bujare të perimeve të pjekura, tofu të fërguar, avokado, cilantro dhe pak salsa. Vazhdoni derisa të harxhohen të gjitha garniturat - rreth 3-4 burrito të mëdha.

98. Banditos burrito me perime krokante

Bën: 1 porcione

PËRBËRËSIT:
½ filxhan karota të grira
½ filxhan brokoli të copëtuar
½ filxhan lulelakër të copëtuar
2 qepë të njoma, të prera hollë
4 ons Djathë Cheddar të grirë me pak yndyrë
¼ filxhan salcë sallatë pa yndyrë në fermë
½ lugë çaji pluhur djegës
4 miell; Tortila (7 inç).
1 filxhan marule ajsberg të grisur; copa të madhësisë së kafshimit

Në një tas, kombinoni karotat, brokolin, lulelakrën dhe qepët me djathë, salcë dhe pluhur djegës. Vendosni tortillat në banak dhe hidhni me lugë rreth ½ filxhan përzierje perimesh dhe ¼ filxhan marule në qendër. Mbështilleni çdo tortilla rreth përzierjes së perimeve.

99. Burrito me sallatë perimesh

Bën: 4 porcione

PËRBËRËSIT:

1 domate e madhe e pjekur; prerë në kube 1/2 inç
1 kastravec i vogël i qëruar me fara; prerë në kube 1/2 inç
1 avokado e vogël; prerë në kube 1/2 inç
1 Kili Serrano; me fara dhe te grira
2 lugë gjelle cilantro të grirë trashë
2 lugë gjelle lëng limoni të freskët të shtrydhur
1 lugë majonezë vegan
Kripë dhe piper i sapo bluar
4 tortilla me miell gjashtë inç

Në një tas mesatar, kombinoni domaten, kastravecin, avokadon, kilin, cilantro, lëngun e limonit dhe majonezën. I rregullojmë me kripë dhe piper. Ndani përzierjen midis katër tortilave; rrotullohem. Pritini çdo tortilla në gjysmë. Shërbejeni me salmon të fërkuar nga Kili dhe fasule të zeza dhe misër.

100. Burritos djegëse pikante (vegjetariane)

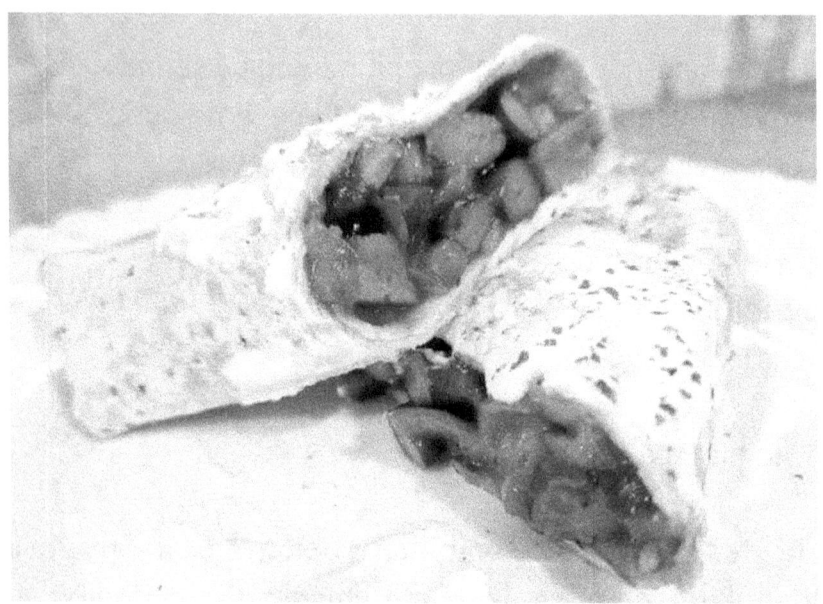

Bën: 3 tortilla të mëdha

PËRBËRËSIT:
- 300 g Fasule në salcë djegës
- 150 g Seitan ose Tofu
- 1 qepë e kuqe
- 2 speca djegës të kuq djegës
- 2 lugë gjelle salcë kosi
- Disa pika salcë të nxehtë
- Uthull balsamike Dash
- Kripë dhe piper
- Majdanoz i tharë si garniturë
- Vaj ose gjalpë (opsionale)

UDHËZIME
a) Pritini seitan (rekomandohet) ose tofu në kube. Pritini në copa të vogla qepën dhe specat djegës. Opsionale, ngrohni fasulet në mikrovalë, por kjo nuk është thelbësore.

b) Lyejeni një tigan me pak uthull balsamike, vaj ose gjalpë. Vendosni kubat e seitanit dhe gatuajeni derisa të zbuten. Për sa i përket perimeve, unë preferoj të freskëta, por sigurisht që mund t'i kaurdisni edhe ato, për t'i zbutur pak.

c) Përzieni kubat e seitanit me fasulet, qepët dhe specat djegës për të bërë mbushjen. I rregullojmë me kripë dhe piper, pak majdanoz, si dhe salcë djegëse, sipas shijes.

d) Vendosni mbushjen në mes të një tortilla. Hidhni njërën anë mbi dhe nën përbërësit, fusni anët dhe më pas rrotullojeni në formë burrito.

e) Ziejini burritot deri në kafe të artë nga secila anë. Unë rekomandoj ta bëni një nga një, veçanërisht nëse keni një tigan më të vogël. Mund të shtoni pak vaj ose gjalpë në tigan, nëse dëshironi, për ta bërë atë pak më të freskët dhe më shije.

f) E zbukurojmë me salcë kosi dhe majdanoz të thatë. Shijojeni vaktin tuaj!

PËRFUNDIM

Nëse jeni adhurues i burritos, atëherë Libër gatimi Burritoështë shtesa perfekte për koleksionin tuaj të recetave. Ky libër gatimi përmban 100 receta të shijshme burrito për mëngjes, drekë dhe darkë, duke filluar nga shijet klasike meksikane deri tek kthesat krijuese dhe novatore.

Nga burritot e mëngjesit të mbushura me vezë, djathë dhe chorizo tek burritot pikante me karkaleca dhe avokado për drekë, dhe burritos me mish viçi dhe fasule për darkë, ky libër gatimi ka një recetë për çdo dëshirë. Çdo recetë shoqërohet me një fotografi me ngjyra të plota dhe përfshin këshilla se si të bëni burriton perfekt çdo herë.

Përveç recetave, ky libër gatimi ofron informacion se si të bëni tortilla, salsa dhe mbushje të tjera të bëra vetë për të personalizuar burriton tuaj sipas dëshirës tuaj. Pavarësisht nëse e preferoni burriton tuaj pikant, të ëmbël ose të mbushur me perime, Libër gatimi Burritoju ka mbuluar..

www.ingramcontent.com/pod-product-compliance
Lightning Source LLC
LaVergne TN
LVHW021658060526
838200LV00050B/2407